英語舌(えいごじた)の つくり方

じつはネイティブはこう発音していた！

野中 泉
Izumi Nonaka

研究社

まえがき

　電車の中などで、英語を話している人を見ると、ついつい近づいて聞き耳を立ててしまう悪い癖が私にはあります。商売柄、どんな英語を話しているのかどうしても気になってしまうのです。よく出会うのが、商用で日本に来ているとおぼしきスーツ姿の外国の方と一緒にいる日本人ビジネスマンです。「私たち日本人は、本音と建前を使い分けるのです。ユーノウ？」「ア、ハン」といった会話をしています。なかなか難しい内容を、積極的に表現していてスゴいなあ、と感心しますが、せっかく内容はいいのに、発音がいまひとつだなあ、と思うことが多いのです。「そこのところの発音はこうして、リズムはああすればいいのに、惜しいなあ……」と、いつも思うことは同じです。

　「今や英語はグローバル化しているのだから、なにもネイティブ・スピーカーの英語ばかりが英語ではない。日本人なまりの英語でも堂々としていればいいのだ」という意見をよく聞きます。確かにネイティブのような発音ではないけれど、達者に英語を操っている日本人ビジネスマンなどは十分、コミュニケーションができています。それで良いのだ、という考え方もあります。

　では、たとえば、日本語を操る外国人タレントを思い浮かべてください。彼らは日本語のネイティブ・スピーカーではないから、日本語の発音が完全でなくても仕方がない、とわかっているのに、やはり日本人が話す日本語に近い人の方が、知的で大人な感じがしませんか？　話の内容もさることながら、表出されるものが人に与える印象を侮ることはできません。話す中身は凝っていても、それを相手に届けるときにくるむ包装紙によっては、中身をみすぼらしく見せてしまうこともあるのです。

外国語を学ぶとき、その言語を母語として使っている人がいる限りは、その人たちに敬意を表して、その使用方法をなるべく真似させていただく、というのがマナーではないかと私は思うのです。ましてやコミュニケーションに支障をきたすようなことがあるなら、やはりネイティブ・スピーカーの発音をお手本としたい、というのが私のスタンスです。

　私が英語を好きになったのは、英語を活かした職業に就きたかったからとか、外国の人とコミュニケーションをしたかったから、などという高邁な理想があったからではありません。子供の頃、初めて英語を聞いたとき、「これは音楽だ！」と思い、「かっこイイ！　私もあの音を自分の口から出せたら、どんなに気持ちがいいか」と思った、それだけです。今でも英語の音を聞くとゾクゾクします。低音の男性の英語を聞いた日には、しびれてしまうのです。ですから、英語の発音をどうしたらネイティブに近づけることができるかを研究するのは、音楽へのこだわり、音作りへの執着と同じものです。

　どうせ身につけるならネイティブの発音に近いものを、と思う方。私のように英語の音が好きな方。私と一緒に英語の発音の奥深さを知って、楽しんでみませんか。本書で取り上げる発音はアメリカ英語です。

　最後に、歩みののろい私を励まし、辛抱強く待ち続けてくださった研究社編集部の吉田尚志さんに、心からの感謝をいたします。

2005年7月

　　　　　　　　　　　　　　　　　　　　　　　　　　　　　　野中 泉

CONTENTS

第1章 子音が命！ ——————————————— 1

Ⅰ どうして通じないの？ 2
◆朝からビールが出て来たぞ 2　◆英語は子音、日本語は母音に重点 3
◆なんで「ケープ」が「テープ」になるの？ 3
◆あなたの発音はネイティブの耳にどう響く？ 4　◆枝雀さんの英語 4
◆子音は大切な情報源 5　◆日本語では強い子音は耳障り 5
◆はい！　ゴジラのように息を吐く！ 6　◆声帯のしくみ 7
◆「声の音」と「息の音」7　◆ここが、ポイント！ 7
◆母国語のノリを、英語に持ち込まないでね 8　◆気分はサザンの桑田さんで、どうぞ 9

Ⅱ こうすれば通じる子音になります 10
◆しくみがわかれば、なーるほど！ 10　◆上半身ポンプ状態で、ハイどうぞ 12
◆全身が吹奏楽器 12

Ⅲ ラッパとフルート 14
◆ラッパ系の子音 14　◆ラッパ式発音　その1：/p/の音 14
◆ラッパ式発音　その2：/t/の音 15　◆ラッパ式発音　その3：/k/の音 15
◆/p/ /t/ /k/は、大切な音 16　◆あなたのパ行はバ行に聞こえてるかも！？ 16
◆ラッパ系/p/ /t/ /k/の兄弟 17　◆ラッパ系について知っておきたい大切なこと 17
◆フルート系の子音 19　◆日本語にないフルート系の子音を会得しよう 20
◆フルート式発音　その1：/s/と/ʃ/の区別は大切です 20　◆/s/の処方せん 21
◆/ʃ/の処方せん 22　◆フルート式発音　その2：/f/と/h/をごっちゃにする日本人 23
◆/f/ /v/の発音の要領 23　◆フルート式発音　その3：/v/と/b/をごっちゃにする日本人 24
◆フルート式発音　その4：お待たせしました、'th'です 25
◆スペリングに'th'を見たら 26　◆まずは'th'をきれいに発音しましょう 27
◆/l/と/r/ 28　◆/l/の発音 28　◆/r/の発音 29
◆日本語にも似た音があるけど、じつは英語では全然違う発音の子音って、な〜んだ？ 33

第2章　通じる母音に切り替えよう ——— 37

I 微妙な音の差に敏感になろう 38

II 日本語の／ア／にあたる英語の母音は3つある 39
◆日本語の／ア／に近い音 その1 39　◆スペリングに惑わされる日本人の悲しいサガ 40
◆ローマ字教育が仇になる！？ 40　◆統一した発音がいいですね 41
◆日本語の／ア／に近い音 その2 42　◆日本語の／ア／に近い音 その3 43
◆曖昧母音の習得法、あの手この手で 43　◆頬杖してみよう 44
◆カオナシになろう 45　◆曖昧母音の使用頻度はなんと！ 45

III 日本語の／イ／にあたる英語の母音は2つある 47
◆①緊張型と ②弛緩型の2つの音 47　◆②の弛緩型の／イ／の方が大事です 48

IV ／ウ／にも2種類ある 50
◆①緊張型と ②弛緩型の2つの音 50

V ／オ／にも2種類ある 52
◆「オー」と「オウ」では大違い 52

VI これで母音は完璧　～二重母音～ 54
◆「愛」？「アーィ」？ 54

第3章　音変化はクセモノ！？ ——— 57

基礎編

I くっつく音 58
◆わけのわからない音のかたまりの正体 58　◆リエゾン 58
◆日本語にはない現象 58

II フラップ/t/ 61
◆ブリンギドンって？ 61　◆「フラップ/t/」という音変化の鉄則 61
◆「フラップ/t/」の発音方法 64　◆辞書に載っていることもあります 64
◆リエゾンもフラップも大切なのにあまり教わらない 64

Ⅲ 英単語のフシ ～母音のリダクション～ 67

- ◆「リダクション」って？ 67　◆竹のフシ 67　◆フシの中には何がある？ 67
- ◆フシの概念が大切な理由1：ジャパニーズ・イングリッシュになっちゃう 68
- ◆わかりやすく発音したつもりなのに… 68　◆それがかえって仇になるんです 69
- ◆頼りになります 69　◆ナカマル君 69　◆子音だけを発音してね 69
- ◆母語の発音習慣を持ち込んじゃダメ 70　◆余計な母音追加は国民病 70
- ◆あなたの英語、余計な母音くっついてませんか？ 70　◆恩師の教え 71
- ◆録音して聞く 72　◆ここまでのまとめ 72　◆最長の1音節 72
- ◆フシの概念が大切な理由2：弱化する母音がある 73
- ◆'enough' が「ァナf」と聞こえるのは？ 73
- ◆1単語の中で強勢のあるフシは1つだけ 74　◆強勢のないフシはどうなるの？ 74
- ◆母音の音色が変わっちゃう！？ 74　◆太いフシ、細いフシ 74
- ◆痩せっぽちは省エネだ 75　◆母音には「緊張型」と「弛緩型」がありました 75
- ◆「弛緩型」がさらにシュワになっちゃう 75　◆たとえば… 75
- ◆日本語にはあるのか？ 76　◆ジャパニーズ・イングリッシュの原因はここにもあった 76
- ◆だから 'enough' が「ァナf」と聞こえる 76　◆リダクションを発音するには 76
- ◆'-tion/-sion' と '-ing' もリダクションでカッコ良く 78　◆3章「音変化」のおさらい 79

発展編

Ⅰ 2種類の発音をもつ単語 ～強形と弱形～ 83

- ◆内容語と機能語 83　◆まずは「内容語」と「機能語」が見きわめられるようになろう 83
- ◆「内容語」と「機能語」では扱いが違う 84　◆上下関係が厳しいのです 85
- ◆'him' の発音は「アム」！？ 85　◆「機能語」の宿命、それは弱形化 85
- ◆弱形化のルール 86
- ◆①人称代名詞（主格と目的格）、②人称代名詞（所有格）の弱形（weak form） 86
- ◆主語だからって強形だとは限らない 87　◆今こそ役に立つ 'I, my, me, mine' 87
- ◆'you' の弱形 88　◆'he, his, him' の弱形 89　◆'her, her' の弱形 89
- ◆'they, their, them' の弱形 89　◆③助動詞の弱形 91
- ◆④前置詞の弱形　～これだけ覚えていれば大丈夫～ 93　◆'to' の弱形 93
- ◆'of' の弱形 94　◆'for' の弱形 96　◆'from' の弱形 97
- ◆⑤冠詞、⑥接続詞の弱形 98

Ⅱ 日常会話に欠かせない語 100

1 「2個で1個」の音 〜gonna, wanna, gotta, hafta〜 100
◆'gonna'の発音 100　◆'wanna'の発音 101　◆'gotta'の発音 101
◆'hafta'の発音 102

2 /tn/ と /dn/ は笑っちゃう音 103
◆これが言語音？ 103

第4章　英語のビートに切り替えよう 〜リズム〜　105

◆英語はどうしてそんなに音変化するの？ 106　◆答えは省エネ 106
◆ラクしたいのは万国共通 107　◆でも、ラクしたいからだけじゃありません 107
◆単語の中のヒエラルキー 108　◆センテンスの中にもヒエラルキー 108
◆リズムのつくり方、教えます 108　◆単語の境界線より「リズム」命！ 112
◆強弱リズムに乗せちゃえば、案外通じます 112　◆多聴が大切 112

第5章　イントネーションをマスターしよう　115

◆音程をつけたらできあがり！ 116　◆パターンがあるから助かります 116
◆文末はズドンと落とさないと終わったことになりません 118
◆ズルズル上げ下げしないでね 118　◆さあ、総仕上げです！ 119

第6章　ジャパニーズ・イングリッシュを抜け出して「英語舌」をつくる方法　121

◆語頭の子音の風速を最大に！ 122　◆余計な母音だけはつけないで！ 122
◆口まわりの筋肉を、タテ・ヨコ・マエに酷使しよう！ 122　◆舌の力は抜こう！ 122
◆カタカナ表記の外来語にだまされるな！ 122　◆発声を変えよう！ 123
◆1オクターブ下げよう 123　◆音程の幅を広げよう！ 123
◆大袈裟に強弱をつけよう！ 124　◆エモーショナルになろう！ 124

第1章

子音が命!
　　し　いん

　Ⅰ　どうして通じないの?
　Ⅱ　こうすれば通じる子音になります
　　Ⅲ　ラッパとフルート

Ⅰ どうして通じないの？

朝からビールが出て来たぞ

夏休みにアメリカでホームステイをした学生が、帰国後こんな話をしました。

ある朝彼女はステイ先のパパさんに、「今日は天気が悪い」というつもりで 'Bad weather.' と言いました。パパさんは大変いぶかし気に「もう一回言って」と言うので、彼女は 'Bad weather.' とリピート。すると、パパはキッチンに行き、冷蔵庫からバドワイザー（ビール）を出して来て彼女に渡しました。'バッド・ウェザー' を 'バドワ

イザー' ととられてしまったのです。「そうじゃなくて」と彼女が言えば言うほどビールを差し出され、とても情けない思いをしたとか。

そのときの発音を再現させてみたところ、「それじゃ通じない」と思いました。彼女が犯した誤りは2つ。

間違いその1。'Bad' の下線部の「ア」の音が微妙ですが間違っていました。この「ア」の音についてはあとで説明します。

間違いその2。'weather' の 'th' の発音ができていませんでした。'th' は、突き出した舌と前歯の隙間から空気を押し出して発音するのですが、そうしなかったので 'z' の音になっていました。だから「バドワイザー 'Budweiser'」の「ザー」の音と同じになってしまったのです。

この学生曰く、「細かい発音の違いを、授業で教わったじゃないですかあ。でも

先生は大袈裟に言っているんだと思ってたんですよぉ。でも、こんな簡単な発音すら通じなかったときは、先生の言う通り練習しておけばよかったってチョー後悔した、みたいな」

微妙な発音の違いで誤解を招くこともある、と授業で熱弁をふるっている私を学生はそんな目で見ているのか、と落胆。それはさておき、この学生の話から大切なことがわかります。

英語は子音、日本語は母音に重点

彼女は確かに2つの誤りを犯しましたが、'Bad weather.' の下線部分の母音は間違ってはいませんでした。「ウェザー」であり、「ワイザー」とは言っていないのです。もし日本人が彼女の発音を聞いたら、「ザー」の音質の違いは気にせず、「ウェ」と発音していることを重視し、決して「ウェザー」を「ワイザー」と捉えたりはしないと思うのです。しかし英語のネイティブ・スピーカーは、「ウェ」と「ワイ」の母音が違うことより、'th' と 'z' の子音の音質の違いの方が気になったのでしょう。内容を伝える情報として母音より子音を優先させた、とも言えるかもしれません。

なんで「ケープ」が「テープ」になるの？

NHKの番組で数年前、「日本人英語がネイティブに通じるか」という実験をしていました。日本人の話す英語に慣れていないイギリス人に、日本人が英語の単語を言います。目の前には様々な品物が並べられていて、日本人が言った英単語の品物をイギリス人が指差す、という実験です。

結果は、日本人が「花びん」が欲しくて 'vase' と言うと、イギリス人は 'base（野球のベース）' を指差し、「（ゴルフ）クラブ 'club'」と言ったつもりなのに「カニ 'crab'」を指される、といった具合です。はては「ケープ（お化粧などで肩にのせる

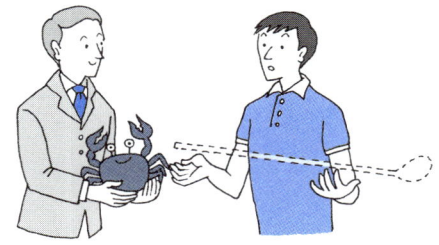

布）」のつもりで 'cape' と言うと 'tape（テープ）' に間違えられる始末。なぜ、単語1つが満足に通じないのでしょう。

vase → base　　club → crab　　cape → tape

ポイントは下線の子音です。日本人が発音した子音は、ことごとく理解してもらえなかったのです。日本語にない/v/は、日本人には発音しにくいから仕方ないかもしれません。また、/l/と/r/の違い、これも日本人が苦手であることは有名ですから、通じなくても仕方ないとしましょう。でも 'cape' と 'tape' は日本語にもある音ですし、カ行とタ行という混同しようのない音を間違えられた、というのは腑に落ちません。

あなたの発音はネイティブの耳にどう響く？

そんなの、たまたまじゃないの？と思われるかもしれませんが、これは偶然ではありません。英語のネイティブ・スピーカーから、こんなことを言われたことがありました。たとえば、'What time do you get up?' という文を日本人学生が発音すると '/hw/アッ・/t/アイム・/d/ウー・/y/ウー・/g/エット・アップ' のように、単語の始めの/ /で表示された子音が聞こえなくて、母音ばかりが聞こえてくると言うのです。私たち日本人の英語がネイティブの耳には子音が抜けているように聞こえている、ということです。

枝雀さんの英語

普段、私たちの英語がネイティブの耳にはどのように聞こえているのかなんて考えてみませんが、こんな話もあります。残念ながら亡くなられた桂枝雀さんという落語家は、古典以外にも新しい実験的な落語を試みました。その一環で、英語による落語を外国の方に聞かせるというチャレンジをしていました。以下は、彼の英語落語を現地アメリカで聞いたアメリカ人の友人から聞いた話です。

「ミスター・シジャクの英語は上手な英語だとはいえないけど、聞いていたアメリカ人にわかりやすく、みんな大笑いしていたよ。どうしてうまくない英語なのに通じたかわかる？　彼はとても子音をはっきり発音していたんだ。アメリカ進

出にあたって、彼の英語を指導した人はエライと思ったね」

その話に興味をもった私は、その英語落語のビデオを見せてもらいました。'White Lion' というタイトルの落語でした。失礼ながら確かにネイティブのような英語とは言えませんでしたが、じつによく子音の音が聞こえました。特に単語の始まりの子音、たとえば 'white' の/hw/の音、'lion' の/l/の音など、出てくるたびにしっかり発音していました。そうなのです。子音は意味を伝える上で非常に大切なのです。

子音は大切な情報源

たとえば、空港で 'NRT' という文字を見たら、'NARITA' の子音だけを拾った「成田」の略だとすぐわかります。しかし同じ 'NARITA' の母音だけ拾って 'AIA' と表わしたら、当然のことながら何のことだかわかりません。子音は母音よりはるかに数が多いので、伝わる情報が細かいといえるでしょう。言語を読んだり聞いたりしたとき、まず子音で大方の情報を絞り込み、あとに続く母音で確認している、という具合でしょうか。つまり子音というのは、とても大切な情報源です。

日本語では強い子音は耳障り

ところが日本語の話し言葉では、子音より母音の音の方が大きく話されます。その証拠として、語頭の子音が強すぎると耳障りだと嫌がられませんか。私の学生時代、「サ行」の発音が強すぎる先生がいて、友だちの間でも「○○先生はサ行が耳につく」と言われていました。特にマイクを通すと「擦れるような音」が増幅され、耳を覆いたくなることがありました。

かく言う私にも、こんなエピソードがあります。

知り合いのピアノ教室で、発表会のアナウンスを頼まれました。「プログラム1番、○野○子ちゃん、モーツアルト作曲、キラキラ星」といった具合に2~3人の紹介をし終わった頃、客席で聞いていた母がやって来て言いました。「あんた、もういいわよ。お母さんがやるから。あんたの日本語、子音が耳障りで聞いちゃあいられない!」。普段、スピーチ・クリニックや英語音声学の授業の中で、子

音の重要性を布教している私は、日本語まで子音を強く発音しているようです。

日本語では子音を強く発音すると「耳障り」だとされます。しかし「子音は耳障り」という日本の文化を、そのまま英語に持ち込んで子音を弱く発音すると、ネイティブに理解されない英語になってしまいます。

はい！ ゴジラのように息を吐く！

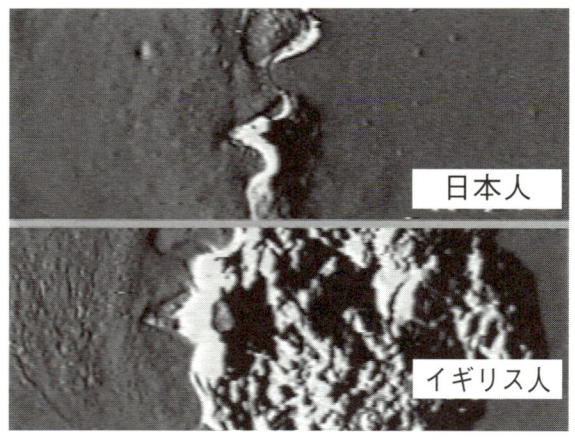

英語の子音をうまく発音するポイントはズバリ「吐き出す空気」です。

この写真は、'key「キー」' という単語を発音し始めた瞬間で、日本人とイギリス人の口から出る空気の様子を、特殊なカメラで撮ったものです。発音開始から同時間帯のこの呼気の状態を見てみると、両者の違いがよくわかります。日本人の発音は空気の量が少なく、その空気も顔の前方ではなく、口の下の方向へ線香の煙のようにヒョロヒョロと流れているのが見えます。それに引きかえ、イギリス人の吐く空気は、まるでゴジラが火を吹くように大量、かつ顔の前方に向かっています。この写真からはわかりませんが、空気を吐く速度もまったく違っています。日本人は少しずつ吐きますが、イギリス人は大変な速さと勢いで空気を吐き出しています。

声帯のしくみ

ここでちょっと、声帯について簡単に説明します。声帯は1センチくらいの2つのゴムベルトのような筋肉が向かい合わせになってできています。幅1センチくらいの唇のようなものを想像してください。声帯は喉の途中にあることは、皆さんご存知でしょう。そのさらに奥の方に肺があります。肺を空気のポンプだと思ってください。そこから送り出された空気が声帯を通り、口や鼻から外に出ます。

一対のゴムベルトのような声帯は、その間があいているときと、くっついているときとあります。間があいていると、肺から上がってきた空気はスースー通り放題です。間があいていないとどうなるかというと、肺から上がってきた空気の勢いで、閉じている2本のゴムベルトの間が細かく震えます。このとき、「声」がつくられます。つまり「声」とは、声帯の2つのゴムベルト（筋肉）同士が空気の振動で震えてできる音なのです。

「声の音」と「息の音」

声帯を空気が通り抜けるとき、声帯が閉じていれば「声」になり、声帯が開いていれば「空気」が通り抜ける、ということがわかりました。つまり、人間が声帯でつくる音には「声の音」と「息の音」があるわけです。

さて、「母音」とは、英語・日本語ともに、この「声の音」に入ります。「母音」は2本の声帯ゴムベルトの間が閉じているときに擦れあってできる「声の音」です。

ここが、ポイント！

子音はどうなのでしょうか。子音は2つに分かれます。日本語でいう「濁点」のつく音、たとえばガ行、ザ行、ダ行、バ行のような音などや鼻音を「有声音」といいます。これらは声帯を震わせてつくる「声の音」です。しかし、それ以外の子音を「無声音」といいます。たとえば/p//t//k/などです。これらの音は、2本の声帯の間を肺からの空気が通ったときの音で、「息の音」です。

日本人の発音で問題なのは、この「息」の音です。ここで先ほどの 'key' を発音する日本人とイギリス人の空気の写真（6ページ参照）を思い出してください。

'key' という単語は、/k/という子音と「イー」という母音でできています。/k/は「声の音」ではなく「息の音」なので、空気をたくさん吐き出さなくてはなりません。ですからイギリス人は、/k/の部分の息を大量に吐くのです。しかし日本人は写真を見ればわかるように、/k/を大量の息とともに発音はせず、「キー」の中の「イー」という母音、つまり「声の音」ばかり大きく発音してしまいます。

母音は2本の声帯を閉じてつくる音ですから、自然に肺からの空気は閉じた声帯で遮断され、「息」は少なくなってしまいます。イギリス人だって母音をちゃんと発音します。しかし母音の前の子音をつくるために、大量の空気を吐いているのです。

言語音には「声の音」と「息の音」とがあり、「息の音」の英語の子音を正しく発音するためには、大量の空気を吐くことが重要だということがわかっていただけましたか。

母国語のノリを、英語に持ち込まないでね

外国人の話す日本語を聞いたとき、私たちがどう感じるかを思い出してみましょう。「私は」と外国人が発音している様子を思い浮かべてください。「ワタシワ」の「タ」を、外国人は「タハッ」のように空気をたくさん吐きながら発音し、「シ」も日本語の「静かに！」という意味で人差し指を口にあてて「シーッ」と言うときのような、激しく擦れるような音になります。カタカナでは表現しにくいですが、「ワ・**タハ**・**シ**・**ウワ**ァ」のような音に聞こえませんか。これは、「『息の音』は大量に空気を吐きながら発音する」という英語のルールを、日本語に持ち込んでいるからです。

外国人タレントの話すとても流暢な日本語を思い浮かべてください。たとえば、山形弁も操るダニエル・カールさんが話す日本語は、まったく外国語訛りに聞こえません。それは彼らが日本語を話すときは、母語である英語から「日本語発音モード」にすっかり切り替えている、つまり子音の空気量を減らし、母音をはっ

きりと話しているからだと私は思っています。

気分はサザンの桑田さんで、どうぞ

反対に、ポップスの世界では、英語のルールを日本語に持ち込んでいるアーティストもいます。サザンオールスターズの桑田さんは、デビュー当時から、日本語を英語ふうに発音した先駆けです。たとえば「TSUNAMI」のサビ、「見つめあうとー♪」は「ミ・**ツ**フーメ・**ア**ーウ・**ツ**オー」となります。言葉を覚える時期に、両親から子守唄代わりに「TSUNAMI」を聞かされていた甥は、日本語が桑田さんふうになり、「ねえ、お姉ちゃん」が「ねえ、お姉ツァーン」となっている、というのは余談ですが、桑田さんの歌の歌詞（日本語）を、年配の日本人に書き取ってもらったところ、全員が英語だと思った、という実験をテレビで見たことがあります。イントネーションやスピードの問題もあるかもしれませんが、日本語ですら子音を強めると英語に聞こえるのです。ならば、英語を英語らしく響かせたいなら、子音をはっきり出さない手はないでしょう。

母語である日本語のルールを外国語に持ち込んでいては、いつまでも良い発音にはなりません。日本語は母音重視の言語で、英語は子音重視の言語であることに気づいて、今日から子音の発音を変えてみませんか。そうすればあなたの発音はグッと良くなり、もっと通じる英語になるはずです。

こうすれば通じる子音になります

しくみがわかれば、なーるほど！

図1のような細長い管を思い浮かべてください。穴に口を当て、息を吹き込むと、「ボーっ」と音がしそうな管です。その管の先を、すこし曲げて図2のようにしてみます。

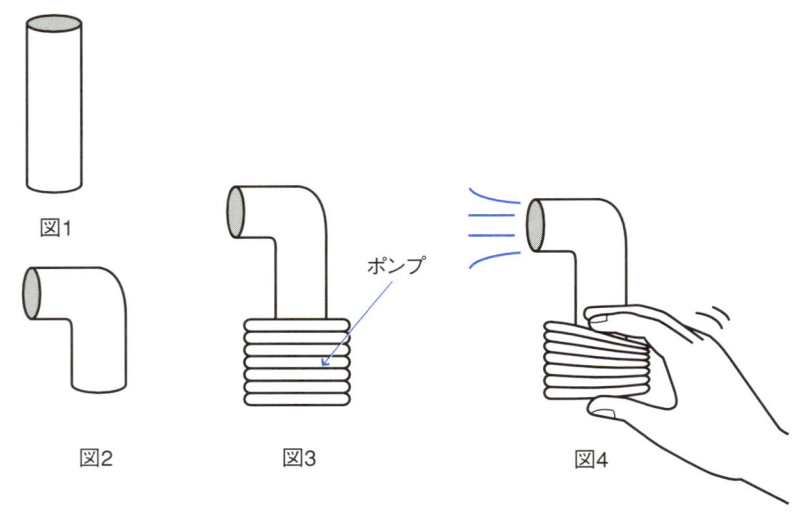

図1　図2　図3　ポンプ　図4

曲げた管の下に、蛇腹式のポンプをつけてみましょう（図3）。その蛇腹を手で押すと、管の先から空気が出てきます（図4）。ポンプを強く早く押せば、出てくる空気の勢いは増します。学生に発音のしくみを教えるとき、私はこの装置で説明します。この装置は、発声器官を単純化したものです。この装置を私たちの体にはめ込んでみるとわかりやすいのですが、その前に、ごく簡単に私たちの体のしくみを見てみましょう。

第1章 子音が命！

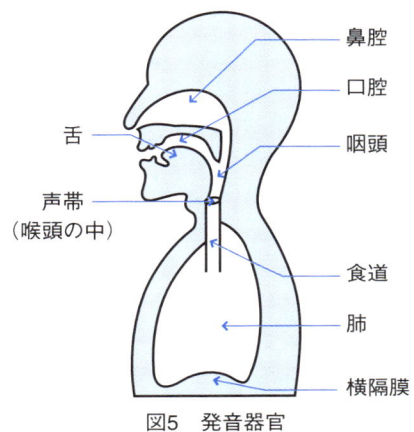

図5　発音器官

人間の発音器官を断面図で横から見ると、図5のようになります。言葉を発するとき、肺に溜められた空気が喉頭→咽頭→口腔→口の外へと押し出されていきます。前に説明したように、声帯は2つの小さな筋肉のひもでできていますが、流気が通過するときに、声帯が離れていれば「息の音（無声音）」となり、声帯の2つの筋肉がくっついていれば振動が起きて、「声の音（有声音）」となります。

さて、図4でつくった装置を体に当てはめてみると、図6のようになります。

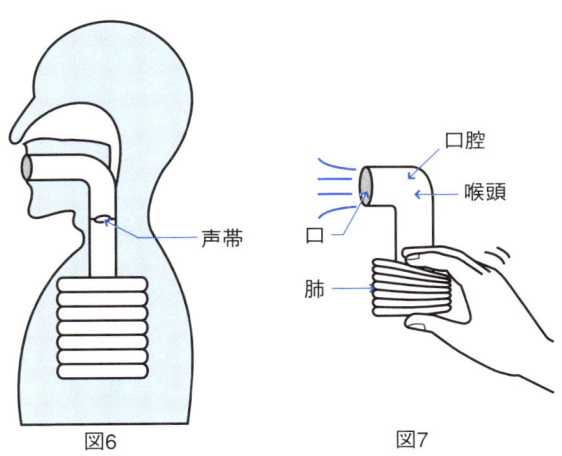

図6　　　　図7

上半身ポンプ状態で、ハイどうぞ

先ほど述べたように、ネイティブの話す子音は大量の空気を必要とします。上手な子音を発音するために、少しでも多くの空気を吐き出せばよいのです。そのためには肺であるポンプを強く押さなくてはなりません。人体に置き換えて考えると、図7のポンプのいちばん下にあたる部分は「横隔膜」で、ポンプを漕ぐ親指の役割を果たしているのは、腹筋を始めとする「筋肉」です。

親指で強く・速くポンプの底を押せば、管の先から出る空気が多くなります。それを人体に当てはめて考えると、子音の命である「大量の吐く息」をつくりだすには、腹筋などを使って横隔膜を上下に精いっぱい動かせばよいことがわかります。ま、あまり難しいことは考えずに、上半身全体をポンプだと思ってください。ポンプを漕ぐように意識して力強く吸ったり吐いたりしてください。

英語のネイティブ・スピーカーはそんなにポンプのように漕いでいるようには見えないって？　いいえ、よーく見てください。立って上半身が映っているときのニュースキャスターなどを見ていると、息吸いのたびに肩が上がり下がりしているのがよくわかります。

また、まだ大人のように英語の発音に慣れていないネイティブ・スピーカーの子供を真近で観察していると、かなりハーハーと息吸いをしながら話しています。英語の発音に不馴れだと思う人は、ネイティブの子供になったつもりで一生懸命ポンプを動かしましょう。

全身が吹奏楽器

声帯を通るとき、擦れ合ってできる音は、この段階ではまだブザーのような音です。それが口からでる頃には、「ア」だの「イ」だの、きれいな言語音になっているのはどうして？　ここで、もう一回、発声器官を簡略化した「ポンプ付き管」に登場してもらいましょう。

第1章 子音が命！

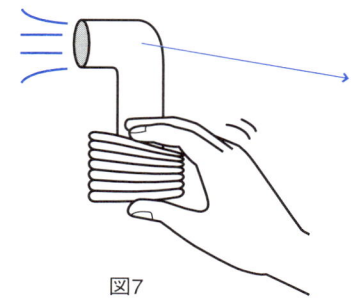

この管が太くなったら、出てくる音は低くなるでしょう。あるいは、この管が細くなれば、音は高くなります。また、音の出口の形がもっと広くなったり、うんと狭くなったら、また違った音色の音がつくられるでしょう。

図7

私たちは無意識のうちに、咽頭や口腔の体積を変えたり、舌や唇を使って出口の形を変えることによって、声帯を通ったときはブザーのようだった音を、すっかり美しく加工し「ア」とか「イ」という言語音として口から出しているのです。

声帯から口までのほんの短い距離、時間にすれば1秒もかからない間に起きる出来事です。この微妙な調整を瞬時にやっている私たちの体はエラい！　私たちの発声器官は大変緻密な楽器のようです。

英語の場合は楽器は楽器でも、吐く息が命の「吹奏楽器」です。そして英語の子音には、「ラッパ系」と「フルート系」があります。まず、ラッパ系子音の発音方法を身に付けることをお勧めします。

ラッパとフルート

ラッパ系の子音

ラッパを吹いているところを見ると、頬を膨らませてためた空気を一挙に爆発させながら吹いているように見えます。たとえば、ルイ・アームストロングなどの吹いている様子を思い浮かべてください。そのように発音する子音は、/p/ /t/ /k/です。この3つの音はラッパのように、吐く息を一度せき止めてから、一挙に放出します。どこで吐く息を「せき止める」のか、子音ごとにその場所が異なります。その場所をしっかり守ることが、ネイティブ・スピーカーにも通じる発音への第一歩です。

ラッパ式発音　その1：/p/の音

/p/は、しっかり合わせた「上下の唇」で、吐く息を一度せき止めます。女性が口紅を塗ったあと、「ンマッ」と上下の唇を合わせますが、あの要領です。内側に唇がめり込むくらいです。そのままの状態で、口の中に肺からたくさんの空気を送り込みます。かなり口中の気圧が高まり、もう合わせた唇が耐え切れなくなったら唇の力を抜き、空気を思いっきり放出してください。それが/p/の音です。そのとき、「パッ」とか「プッ」など、アやウといった余計な母音をつけないように気をつけてください。

TRACK 1

/p/

たとえば、'party' の語頭の/p/は、ラッパ奏法で発音します。「パーティ」と発音したのではカタカナ英語になります。まず、しっかり合わせた両唇で、吐く息の圧力をしっかりせき止めてから、息を開放します。「パハーティ」といった感じです。

 TRACK 2　　/p/音

party

ラッパ式発音　その2：/t/の音

/t/は、上の前歯の後ろ（図9の矢印の先）に舌先をつけ、図10のように肺からの空気を舌全体でせき止めます。あとは/p/同様、空気の圧力に耐え切れなくなったら、舌先を離し空気を放出します。「トゥッ」と言おうとしなくても、これで自然に/t/になります。

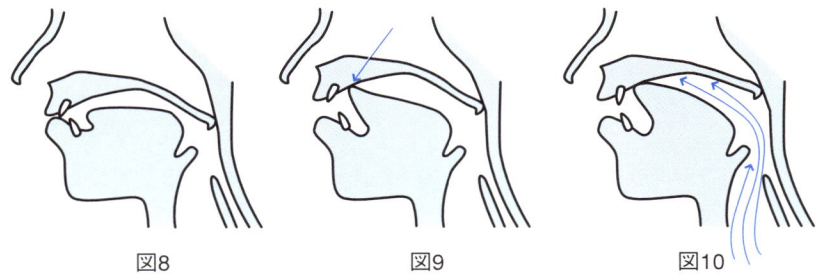

図8　　　　　　　　図9　　　　　　　　図10

 TRACK 3

/t/

たとえば、'time' の語頭の/t/の発音もラッパ奏法。前歯の裏につけた舌先でしっかり吐く息をせき止めてから空気を逃がしましょう。「タイム」ではなく「タハイム」と言うつもりで、はいっ、どうぞ。

 TRACK 4　　/t/音

time

ラッパ式発音　その3：/k/の音

/k/は、舌の付け根に近い部分を盛り上げて、喉の奥に押し付けます。そこで吐く息をせき止めます。図11のように、と言われてもわかりにくい、という方は、

だれかに首を絞められていると思ってください。「く、苦しい。オエー」と思ったとき、自然と図11のような舌の形になります。その、盛り上がった舌の付け根あたりで、吐く息をせき止めましょう。圧力に耐え切れなくなったら息を放出します。腹が立ったときの捨てゼリフの「ケッ、てやんでえ」の 'ケッ' に近い音です。

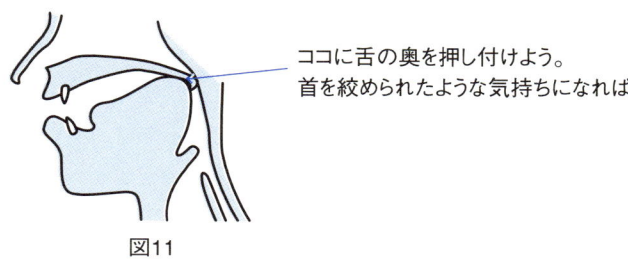

ココに舌の奥を押し付けよう。
首を絞められたような気持ちになればOK。

図11

TRACK 5

/k/

たとえば、'key' はどうでしょう。舌の奥の部分と喉で、吐く息をせき止めてから、発音します。「キー」ではなく「キヒー」と聞こえるはずです。

TRACK 6

key

/p//t//k/は、大切な音

この3つの音は日本語にもあるので、発音はもうわかってる、と思ってませんか。その考えが、あなたの英語の発音を「カタカナ英語」にしている可能性があります。日本語の/p//t//k/と英語の/p//t//k/は、まったく別モノと言ってもよいほどです。

あなたのパ行はバ行に聞こえてるかも！？

じつは、この3つの音は、吐く息の存在が相手の耳まで届かないと、/p/は/b/、/t/は/d/、/k/は/g/に聞こえてしまうということ、ご存じでしたか？　もしかしたら「パーティ」と言っているつもりが、「バーディ」と英語のネイティブの耳

には聞こえているかもしれないのです。なまっている感じを与えるし、それよりも、理解してもらえないという事態になるのです。これは日本人学習者の大きな欠点だと言えます。ですから、/p//t//k/の音にアクセント（強勢）がくるときは、とりわけ肺ポンプを酷使しましょう。

吐く息が十分ならば、口の前に下げたティッシュが動きます。絵のようにティッシュを目の前に下げて、'time' と言ってみましょう。やってみると案外動きません。原因は、肺ポンプが弱いか、吐き出すスピードが遅すぎるかのどちらかです。繰り返しトライして、ティッシュがヒラリと動いたときの、息の「量」と「スピード」を探し当ててください。このエクササイズは効きます。

ラッパ系/p//t//k/の兄弟

/p//t//k/は「息の音」ですが、この3つには有声音の兄弟がいます。/p/には/b/、/t/には/d/、/k/には/g/という有声音があります。それぞれ発音は、無声音の兄弟と同じです。「有声化」、つまり声をプラスするだけです。声をプラスするということは、二対（つい）の声帯の筋肉を振動させなければなりません。そのため、二対の筋肉の間が閉じるため、おのずと吐く息がせき止められます。ですから、/b//d//g/もラッパ系の音ですが、/p//t//k/より口の外にもれる息の量が少なくなります。

TRACK 7

/p/, /t/, /k/

ラッパ系について知っておきたい大切なこと

/p//t//k/と/b//d//g/は、いつでもラッパを吹くように発音すればいいわけでは

ありません。この6つの音が単語の中のどの位置にあるかで発音方法が変わります。パターンは次の3つです。

①強勢（マークは´）のついたところにある場合と、語頭にある場合はラッパ式発音で良い。
②強勢のないところにある場合は、①より吐く息は少なめに、でもラッパ式発音をする。
③語尾にある場合、日常会話ではその音をつくるために必要な舌や唇の準備だけして、音は出さずに終わりにする。

大切なのは③です。たとえば 'cup' は語尾に/p/がきています。つまり③の「語尾にあるラッパ音」ですから、上下の唇を合わせるところまではやりますが、そのあとは、勢いよく吐く息を開放するのではなく、静かに終わりにします。結果的に「カッp」ではなく「カッ」と聞こえます。

その他、'cab' と 'cap' はともに「キャッ」、'hat' と 'had' は「ヘアッ」、'duck' と 'dug' は「ダッ」とほぼ同じに聞こえます。

'cab' と 'cap' が同じに聞こえたら、どちらを指して言っているのか、わからないではないか！って？　日常会話では話の"文脈"から察しがつきますから、心配ありません。

やってみよう

以下の単語の語尾の音を、発音の準備だけして音にしないで終わりにする練習をしてみましょう。どうせ音にならないからといって、口の準備を省いてはいけませんよ。

TRACK 8　　消失する語尾の破裂音

**lip, drop, tub, knob, foot, write,
dad, should, like, book, sing, big**

第1章 子音が命！

フルート系の子音

ここまで、ラッパ系の子音を見てきました。さて、ここからはフルート系です。ラッパ系は、吐き出す息の強さと瞬発力が命の、破裂するような音でした。

フルートは管内部の壁の穴に気流を吹きつけて音をつくります。小学生の頃に吹いていた縦笛（リコーダー）を思い浮かべてください。それと同じように、狭い音の出口に向かって息を吹きつけてつくる子音があります。

管の先から出てくる音は、ポンプからの流気が管の内壁と擦れ合ってつくられる「摩擦音」です。

空気の通り道を一部狭くして、その狭窄部を吐く息が勢いよく流れるときにできる摩擦の音、それがフルート系の子音の芸風です。ですから、声や息の通り道が、どこかで狭められているはずです。

たとえば、下図を見てください。「ポンプ付き管」の出口部分に「人間の舌」を取り付けてみました。図13のように、出口付近で舌を盛り上げて空気の通り道を急に狭くしてみると、/s//z/という音になります。
また、図12のように舌の上に前歯を乗せると、空気の出口がほとんど塞がれた状態になります。

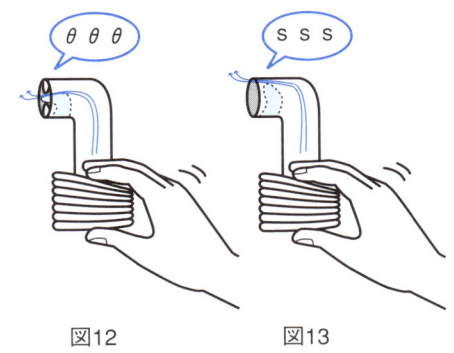

図12　　　図13

19

そこにポンプからの流気が吹きつけられると、外にねじ出されるような状態になり、フラストレーションのたまったような音がしますが、それが/θ//ð/という音です。

日本語にないフルート系の子音を会得しよう

日本人学習者にとって練習の必要があるフルート系の子音の代表は、/s//ʃ//f/とスペリングが 'th' の音です。私の経験では、これらのフルート系の音の中で 'th' がもっとも発音矯正に教師は手間取ります。

では、フルート系の音を発音してみましょう。

フルート式発音　その１：/s/と/ʃ/の区別は大切です

/s/は「海 'sea'」や「見る 'see'」の語頭の音、/ʃ/は「彼女 'she'」や「船 'ship'」の語頭の音です。/s/と/ʃ/、どちらの音も、吐く息の量の差はありますが日本語にもあります。
日本語のサ行を点検してみると、

　　サ sa
　　シ shi
　　ス su
　　セ se
　　ソ so

と「シ」だけshで始まります。このshの音が英語の/ʃ/に近い音で、「サ、ス、セ、ソ」の語頭のsの音が英語の/s/の音に近いと言えるでしょう。

母国語で普段使い慣れているはずなのに、日本人学生を見ていると30人のクラスのうち4〜5人は、英語の/s/と/ʃ/の区別がついていません。どちらかというと、/ʃ/の音が苦手な人が多いですね。

第1章 子音が命！

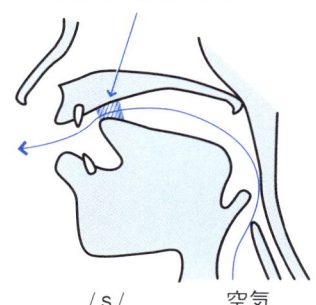
摩擦する部分が少ない
/s/ 空気

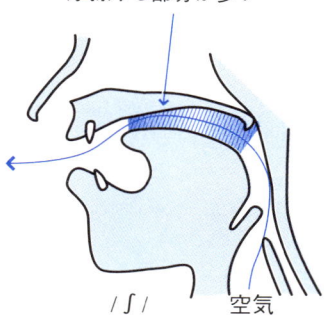
摩擦する部分が多い
/ʃ/ 空気

図を見るとわかるように、/s/は舌先を少し尖らせて、前歯の裏に近づけます。/ʃ/は舌先だけでなく舌の中央部も盛り上がっているぶん、/s/よりも上あごと舌でつくるトンネル（図の斜線部分）が長くなります。摩擦を起こすトンネル部分の長さが短い/s/より、トンネルの長い/ʃ/の方が、こもった複雑な音になります。

日本語で「スー」と言ってみてください。そのまま今度は息を吸いながら「スー」と言ってみましょう。上の図の斜線で示されている/s/摩擦部分が冷たく感じませんでしたか？

今度は、「静かに！」という意味で、口の前に人差し指で「シー」と言ってください。次にそのまま息を吸いながら、同じ発音をしてみましょう。「スー」のときより、上あごのあたりまで冷たくなったのを感じられましたか？　それが/ʃ/の音です。冷たく感じられる部分の違いが、トンネルの長さの違いを教えてくれます。

TRACK 9
/s/, /ʃ/

/s/の処方せん

幼児が「2才です」と言えずに、「2しゃいでしゅ」と言うのを耳にしたことはありませんか。「才」や「です」の/s/音を、/ʃ/にしてしまっています。運動神経や筋肉が未発達な子供には、舌先をピンポイントで前歯の裏に近づけるのは難しいのでしょう。英語のこの音の苦手な方に贈る処方せんは3つ。

1. 舌の中央部を盛り上げないようにする。
2. 上下の歯の隙間から、息をねじ出す（思い出してください。これはフルート系の子音ですから、吐く息が命）。
3. あとに続く母音を強く出さないように、「母音は添え物」くらいの気持ちで発音しましょう。

たとえば、'see' です。唇は力を抜きましょう。力を入れると、唇の形が母音のどれかの形になってしまうからです。日本語の「スー」から母音のウの音を引き算してできる音、つまり、立ち上がりの/s/だけがほしい音です。長めに/sssss/と発音してから、最後にほんのり色付け程度に母音（この場合「イー」）を添えましょう。

 /s/音

city, sick, sun, lesson, answer, kiss, books, bus

/ʃ/の処方せん

日本人学習者が「she（彼女）」の発音を 'see/sea' の発音にしてしまうのは、とても多くみられる現象です。'should' のように、直後の母音が「ウ」の単語は問題がなく、'should' を「スッドウ」などと発音する学生を見たことがありません。問題は、'she' のように/ʃ/の後ろの母音が「イ／イー」のときです。始めから「イ」の口の準備をすると、どうしても/s/になってしまいます。/ʃ/の発音の処方せんは3つです。

1. 唇を突き出して丸める（初めから「シー」と言おうと思わないこと）。
2. 舌の中央部を盛り上げたまま、「シュ」と言う（これもフルート系の子音ですから、息をたくさん、トンネル目がけて吹きつけてください）。
3. あとに続く母音を強く出さないで、添え物くらいの気持ちで発音しましょう。

「シュ」の母音が始まる前の、立ち上がりの音が/ʃ/です。長めに/ʃʃʃʃʃ/と発音してから、最後に短く「イ」を添えましょう。それが 'she' の発音です。

TRACK 11　　/ʃ/音

ship, sure, shoes, machine, issue, wash, push

フルート式発音　その2：/f/と/h/をごっちゃにする日本人

アメリカ人に "How are you?" と言われて、"I'm fine." と答えたつもりが、「'fine' と言ったんだよね」と念を押されたと落ち込んでしまった学生がいました。彼女の 'fine' の/f/の発音が理解されなかったわけです。日本人学習者の/f/は、とても誤解を呼びやすい発音です。

/f/は日本語にはない音なので、まず発音の仕方をしっかりマスターしましょう。次の発音の要領を守ればバッチリです。

/f//v/の発音の要領

①上の前歯を、下唇にそっと乗せます。
②舌の力を抜いて、歯と下唇の間から息をねじ出します。

「/f/は下唇を噛む音」という表現がありますが、これは間違い。噛んではいけません。この音もフルート系ですから、吐く息の出口が必要です。噛んでしまっては、歯が唇にめり込んでしまって、空気の出口がなくなります。そっと前歯を乗せれば、歯と唇の間や、歯と歯の隙間から流気させることができます。

吐く息の出口が極端に狭いので、息を「ねじ出す」ようなつもりで発音しましょう。固い風船を一生懸命膨らますような気持ちで、はい、どうぞ。

さて、'fine' が通じなかった学生は、習った通りに上記の① ②を実践しているつもりだったのに、ネイティブに通じませんでした。では、何がいけなかったのでしょう？　日本人学習者によく見られる改善の余地がありました。

改善点1 ➡ 前歯を下唇から離すタイミングが早すぎた

口の形をつくっただけでは意味がなく、その形のままで、吐く息を出口に向かって吹きつけ、その音色を相手に聞かせてから、次の発音へと移るべきですね。/fffff/と立ち上がりの子音だけ最低1秒くらい息を吹く、このタメの時間が大切です。

改善点2 ➡ 鼻から息を抜いていた

日本人学習者によく見られるのですが、口からだけではなく、鼻から声や空気を抜いていました。「ファイン」ではなく、「ふぁいん」と、日本語のハ行になっていたのが、理解されない理由でした。

やってみよう

では、以上のことに気をつけて、/f/ /v/の音を発音し、次に単語で練習してみましょう。

TRACK 12　/f/と/v/

(1) /f/, /v/
(2) for, fun, fight, find, flying, phone, often, suffer, if, enough

フルート式発音　その3：/v/と/b/をごっちゃにする日本人

/v/は/f/の有声音なので、/f/と発音方法は同じです。声をつけようとしてください。そして、次の2点を守ってください：

①上の前歯を、下唇にそっと乗せます。
②舌の力を抜いて、歯と舌の間から息をねじ出します。

第1章 子音が命！

この音も日本語にはありません。日本語にない音は、とかくそれに似た音で代用してしまいがちで、/v/を/b/にしてしまう日本人の、なんと多いことか。しかし、似ていると思っているのは日本人だけで、英語のネイティブにとっては、まったく異なる音です。vase とbaseは「花びん」と「野球のベース」ほどの違いなのですから気をつけましょう。

 TRACK 13　/v/と/b/

(1) vase, very, value, every, favor, fever, live, five, brave
(2) very―berry, curve―curb, van―ban

フルート式発音　その4：お待たせしました、'th' です

あるテレビのコマーシャルに、「♪お風呂できゅっきゅきゅー」というのがあります。その英語バージョンをご覧になったことがありますか。'In the bath, ...' の 'th' のとき、舌を噛む様子がアップになります。これは 'th' 音の普及にひと役買ってくれるかな、と思っています。しかし、福山雅治さんがガムの宣伝で 'Love and Teeth' と言うとき、'th' を/s/音で発音していたのは残念でした。

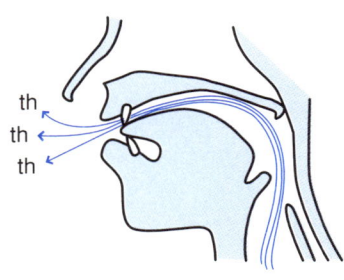

'th' の発音の要領は、以下の2つです。
①まず、上の前歯の先端に、舌先を軽くつけます。
②わずかな隙間から吐く息をねじ出します。

この要領でつくる、「息だけの音（無声音）」は発音記号で/θ/と表わされ、それに声をつけた有声音は/ð/と表わされます。

TRACK 14

/θ/, /ð/

「'th' の発音は、舌を噛む」と表現されることがありますが、それは間違いです。噛んで前歯を舌にめりこませては、空気の出口がなくなりますから、そっと乗せる程度にしましょう。

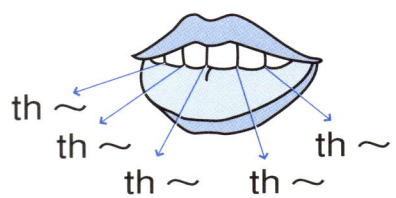

隙間から息をねじ出して

舌を噛むのではなく
そ〜っと乗せるだけ

これも/f/同様、前歯を舌にそっと乗せる状態がせっかくできたとしても、空気をねじ出す前に、舌をひっこめてしまっては元も子もありません。この症状は日本人学習者に大変よく見受けられます。

前歯を舌に乗せるには、舌先を前歯より前に伸ばす必要があります。このような状態は日本語にはありませんから、どうしても日本人学習者は、舌を出したまま持ちこたえることができません。そこをグッとこらえてください。前歯と舌の間から、吐く息が出て「ススス」(/θ/) あるいは「ズズズ」(/ð/) という音を、自分の耳で確認してから、舌をひっこめましょう。自分のつくった音を、自分の耳で厳しくチェックする、この態度は発音を改善する大切な心構えです。

自分の耳で確認できないような弱い 'th' は、相手の耳には/s//z/と聞こえる可能性があります。'clothe「着る」の語尾の 'th' の音が相手の耳に届かないと、'close「閉じる」' に聞こえます。'faith「信頼」' が 'face「顔」' に、'thick「厚い」' が 'sick「病気の」' に、'myth「神話」' が 'miss「失敗」' に聞こえてしまっては困りますね。

スペリングに 'th' を見たら

スペリングに 'th' がある場合は、ほぼ/θ//ð/音になりますので、'th' を見たら条件反射的に舌先を出すくらいになりましょう。しかし、いくつか例外があります。

第1章 子音が命！

固有名詞の場合だけは、スペリングに 'th' があっても、/t/音で発音されるものが多くあります。たとえば 'Thai'（タイの）、'Thailand'（タイ）、'Thames'（テムズ）、'Thomas'（トーマス）などです。'th' だからといって 'th' 音で発音しないようにしましょう。ただし、'Thatcher'（サッチャー）のように固有名詞でも 'th' 音のものも稀にあります。

まずは 'th' をきれいに発音しましょう

'the' のように使用頻度の高い単語の発音を失敗してしまうと、その人の話す英語全体の印象が悪くなります。日本人の発音する 'the' は、しばしば「da ダ」とか「za ザ」と聞こえると言われます。これは、舌を前歯より前に出さずに、前歯より内側につけて発音しているか、あるいは、舌を噛んでしまって空気が出てきていないか、のどちらかの理由です。

やってみよう

本当に舌が前歯より少し前に出ているかどうか、鏡をつかって自分で確かめてみましょう。きっと自分が想像しているほど、舌が出ていないことに気付くはずです。舌が少し前に出せたら、今度は鏡を見ながら、'the' と言ってみましょう。/ðððð/と、立ち上がりの子音を1秒くらい言ってから、舌を引っ込めましょう。すぐに舌を引っ込めてないか、鏡でチェックしてください。口のあたりに手のひらをかざして、吐く息が手にあたるかどうかもチェックしましょう。

TRACK 15 /θ/ と /ð/

/θ/ thank, three, thirsty, author, nothing, north, both,
/ð/ this, that, father, mother, bathe, smooth

これでフルート系子音は終わりにして、いよいよ/l/と/r/についてです。

/l/と/r/

日本人旅行者が英語圏に旅行すると、ご飯が欲しくて 'rice' と言っても、/r/の発音ができなくて 'lice' と勘違いされ、「シラミ」が出てくる、という実際にはあり得ない話は、/l/と/r/を語るときの定番の小噺となっています。

日本人に英語コンプレックスを抱かせるものの代表例は、'th' 音とともに、この/l/と/r/の区別がつかないことではないでしょうか。しかし、「日本語では/l/と/r/を区別する必要がないだけで、それを致命的に感じることはない。慣れないうちは、聞き分けられないだけの話である」と、故田辺洋二先生がご著書の『これからの学校英語』の中で述べておられます。同じようなことは、英語の母語話者が日本語を話す場合にもあり、彼らは／ス／と／ツ／の区別が下手で、「津波」を「スナミ」と発音することが多い、とも書いておられます。外国語を学ぶとき、母語の影響を受けるのはお互いさまですから、苦手意識は無用です。

それぞれの正しい発音を身に付け、慣れてしまえば、2つの音の区別をつけられるようになりますので、何の問題もありません。

/l/の発音

/l/の発音の要領は、2つです。
①舌の先を、上の前歯の裏につけたまま「ウー」と言う。
②唇は少し丸める。

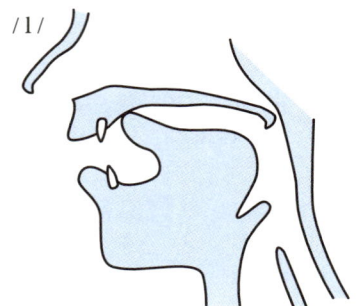

やってみてください。

思っていた音とは違いませんか？ ラ行らしくないし、「ウ」とも「オ」ともつかない、はっきりしない音ですね。

日本語の「ラ行」の音は、舌先で前歯裏の歯茎を一度軽くたたいてつくる音なので、歯切れよく聞こえます。しかし、英

語の/l/は、たたかないので、こもった音に聞こえます。

/l/も今まで紹介してきた子音と同じことに気をつけてください。つまり、①の状態をすぐに解除しないで、/lll/と最低1秒は発音する練習をしてください。

繰り返し述べているように、子音の立ち上がりの音が弱いこと、それが日本人の「通じない発音」の大きな原因です。たとえば 'lion「ライオン」' の語頭の/l/が弱いと、英語のネイティブ・スピーカーには「ライアン」ではなく、「アイアン」と母音ばかりが聞こえてしまうからです。

やってみよう

下の単語の/l/に注意して、発音してみましょう。

TRACK 16 /l/音

live, listen, look, believe, milk, help, doll, pencil, cool

'live'、'listen'、'look'、'believe' までの前半の単語では、/l/は語頭にあったり、後ろに母音がきたりしているため、比較的はっきりした音になります。

後半の5つの単語では、アクセントもなく、後ろに母音もこないので、こもった感じの「ウ」や「オ」に近い音になっています。たとえば 'milk' は「ミウk」、'help' は「ヘオp」、'doll' は「ドーオ」、'pencil' は「ペnソオ」、'cool' は「クーオ」のように聞こえます。

/r/の発音

/r/の発音の要領は、
①舌先を上げ、その舌先がどこにも触れないようにする。
②唇を丸めて、「ウー」と言う（少し長めに言いましょう）。

①の、舌先を口中のどこにもつけないというのは、何が何でも守ってください。

少しでもついてしまうと、どうしても/I/に聞こえてしまうからです。

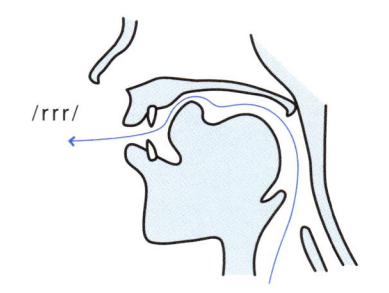

舌の左右の奥のヘリは、
上の奥歯に接しています。

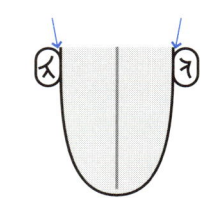

どうしても舌先がどこかについてしまう人、/r/が/I/になってしまう人は、次の2点に気をつけてみてください。

①図にあるように、舌の左右の奥のヘリを、上の奥歯の内側のふちにつける。
②上げた舌先を平らに戻すとき、ペロッと上あごを舐めないように気をつける。

①のように、舌の奥を上の奥歯のふちにつけておけば、ある程度舌が上に行くのを防止するからです。②のように、巻き上げを戻すときに、上あごを舐めながら戻す人をよく見ます。そうしてしまうと、やはり/I/に聞こえてしまうので、少し神経を使って、舌先の様子を感じてください。

やってみよう

では、単語で練習してみましょう。

TRACK 17 /r/音

'red'

いきなり、「レッd」と始めないでください。最初に述べた口の形をつくってから、音を出しましょう。つまり、舌先を上げ、唇を丸めて「ウー」と言ってから、本体の発音を始める要領です。

立ち上がりの/rrr/を最低1秒は出し、自分の耳で/r/特有のこもった良い音が出

第1章 子音が命！

ているな、と確認してください。せっかちで、なかなかできない人には、/r/の直前に「ウ」をつけるようにアドバイスします。ですから、「ウレッd」というふうに聞こえます。ここで要注意は、「ウレッ」から/d/に移行するとき、巻き上げた舌先を上前歯の裏の位置に移動させますが、そのとき、ペロッと上あごを舐めながら移動させないようにしましょう。焦らずに、ゆっくり発音していいのですよ。

TRACK 18　　/r/音

'right'

発音のポイント

「ゥライt」といった感じです。「ゥ」のとき、舌先を上げどこにもつけないで言えましたか？　つまり、立ち上がりの/rrr/を1秒くらい言えましたか？　このとき唇を丸め、できれば「チューして♥」と迫るときのように、唇を突き出せるといいですね。唇を丸めたり、突き出したりするとなぜ良いかと言うと、そうすることによってトンネルが長くなるからです。口の中でできた/r/独特のこもった音は、トンネルが長いと増幅されて、さらにイイ味が出るのです。天然のアンプってとこでしょうか。

TRACK 19　　/r/音

'car'

発音のポイント

この単語のように直後に母音のこない/r/は、唇を丸めたり舌先を上げることはありません。ただ、舌の真ん中あたりから後ろをゆっくり持ち上げるだけでOKです。

やってみよう

TRACK 20　　/r/音

run,　river,　rose,　real,　very,　farm,　far,　are,　center

では、/l/と/r/の両方が登場する次の音にトライしてみましょう。どうぞ！

やってみよう

◎ TRACK 21 　/r/と/l/

(1) 'really'
(2) 'already'
(3) "All right."

解説：
(1) ウリー（リは舌先巻き上げ、どこにもつけない）

rea *lly*
　　　リー（舌先を上前歯裏の歯茎につける）

(2) オーゥ（ウで上前歯裏の歯茎につける）

al *ready*
　　　ウレディ（レでは、舌を巻き上げ、どこにもつけない）

(3) オーゥ（ウで上前歯裏の歯茎につける）

All *right.*
　　　ウライt（'all' のウが終わったら、①舌先を歯茎から離し、どこにもつかないように巻き上げたままウと言い、②舌先をどこにもつけないままライを言い終わったら、③上あごを舐めないようにして、/t/の位置（上前歯裏の歯茎）に舌先を移動させて、④音を出さずに収束。
　　　＊語尾の/t/は発音しない（79ページを参照してください）。

あー、面倒くさい！ですよね。私も最初はそう思いました。でも同じ単語でよいですから、反復しているうちに考えないでもできるようになります。すると他の単語でも、そうしないと気持ちが悪くなります。そうなったらシメたものです。初めは、いちいち舌の位置や唇の形を意識しながら、ゆっくり練習してください。速く、いい加減に発音するのはやめましょう。

第1章 子音が命！

日本語にも似た音があるけど、じつは英語では全然違う発音の子音って、な〜んだ？

日本語にもあると思われているけれど、実態はかなり異なっている音の例として、/p//t//k/などを取り上げました。もう1つ、日本語にもあるから特別練習しなくてもよい、と多くの人が思っているけれど、じつはそうではない、という音として/n/を取り上げます。

日本語の/n/の音は、発生する場所によって、色々と発音の方法が変わる音です。

日本語の/n/の音には2種類ある

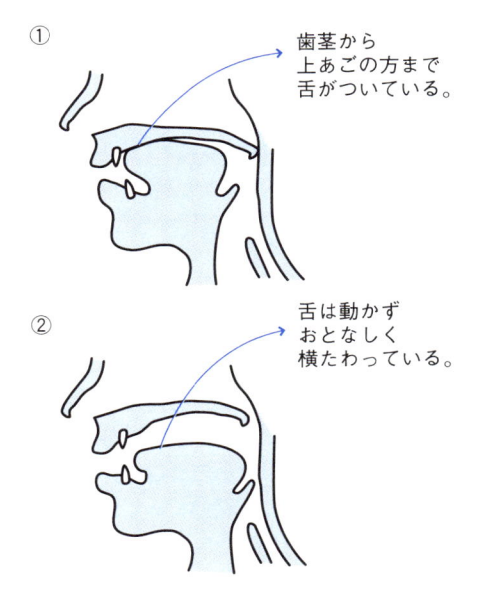

①

歯茎から
上あごの方まで
舌がついている。

①のような舌の位置になるのは、後ろに母音がくるとき（たとえば、「ナ」「ニ」「ヌ」などのナ行のとき）です。

②

舌は動かず
おとなしく
横たわっている。

②のような舌の位置になるのは、「ン」（撥音便と言われる音）で単語が終わるときです。

日本人は 'can' 'one' などの/n/で終わる語を、②の日本語の「ン」で代用してしまいます。これでは、とてもマズいことになります。

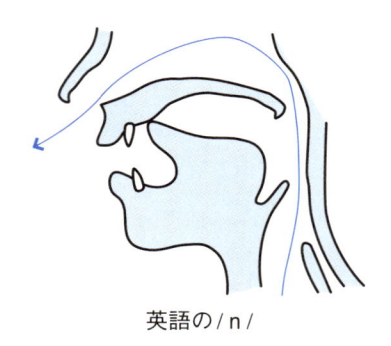

英語の/n/

英語の/n/は、左の図が示すように、いつでも上前歯裏の歯茎に舌先をつけてから、鼻にぬいて初めて、/n/の音として聞き手に感知されます。

たとえば英語のネイティブ・スピーカーは'one'という単語は、「ワン」と言い終わると同時に、/n/音をつくるために舌先を歯茎につけます。その舌先が離れるときに「ンヌッ」のような音ができてしまいます。ですから、とてもゆっくりハッキリ発音されると、「ワンヌ」と聞こえます。'ten'も「テンヌ」と聞こえます。

英語の/n/

しかし、日本語の「ン（前ページ②の音）」で代用すると、この「ヌ」にあたる舌先を歯茎につける動きもその音もありません。たとえば、/n/を日本語の「ン」のつもりで'can'を発音してしまうと、「キャー」という具合に、語尾の/n/がない、つまり'can'ではない別の単語だ、とネイティブ・スピーカーに取られかねないのです。

再び引用させていただきますが、田辺洋二先生は、ご子息を「ジュン」と呼んでおられたそうです。アメリカのホストファミリーの子供たちが、その真似をしたそうですが、／ジュン／ではなく／ジュー／と呼んだそうです。つまり、舌先が歯茎につかない/n/は彼らの耳には聞こえない、／ン／は/n/ではない、とそのとき先生は気付かれたそうです。このエピソードは日本人学習者にとても参考になりますね。

そこで、英語の/n/の発音の要領です。
①舌先を上前歯裏の歯茎にしっかりつける。
②そのまま、鼻から空気を出しながら／ンー／と言う。

第1章 子音が命！

やってみよう

◎ TRACK 22　/n/音

では、① "No." ② ten で練習です。

① "No." は、日本人が発音すると、ホント迫力ないです。理由は/n/の発音ができていないからです。しっかり歯茎に舌先をつけ、そのままの状態で、最低1秒は／ンー／と言ってから、／ノウ／と言うつもりでやってください。ここでも、子音の立ち上がりのタメが大切です。それで初めて、「ダメ！」「違うの！」という意味が伝わります。/nnnノゥ/です。

欲を言えば、／ンー／で鼻筋を手で触れたとき、手にビリビリ振動が伝わるとさらにナイスな/n/になります。

② ten
／テ／は語頭の/t/なので、しっかりラッパしてください。そして/n/はしっかり歯茎に舌先をつけて／ンー／です。とても大げさに表現すると、／テヘンヌ／です。日本語の／ン／だけは使わないでくださいね。

やってみよう

◎ TRACK 23　/n/音

k<u>n</u>ow, <u>n</u>ow, k<u>n</u>ife, ba<u>n</u>a<u>n</u>a, e<u>n</u>ough,
se<u>n</u>se, kid<u>n</u>ey, ru<u>n</u>, <u>n</u>i<u>n</u>e, fi<u>n</u>e

第2章

通じる母音に切り替えよう

Ⅰ　微妙な音の差に敏感になろう
Ⅱ　日本語の／ア／にあたる英語の母音は3つある
Ⅲ　日本語の／イ／にあたる英語の母音は2つある
Ⅳ　／ウ／にも2種類ある
Ⅴ　／オ／にも2種類ある
Ⅵ　これで母音は完璧　～二重母音～

I 微妙な音の差に敏感になろう

第1章で述べたように、日本語では子音より母音の方がはっきり発音されます。そして英語では、強勢のある場所の子音や語頭にある子音は、はっきり出さなくてはならない、とクドいくらい繰り返してきました。

それなら、英語では、子音ほど母音に神経質にならなくても通じるのか、というと、そうではありません。日本語の母音は／ア／／イ／／ウ／／エ／／オ／の5つです。しかし数え方にもよりますが、英語には／ア／だけとっても、6種類あると言われます。イメージでいうと、日本語がドレミなら、英語はド・ド♯・レ・レ♯・ミといった具合に、あいだに半音が存在し、細分化されている、とたとえたらわかりやすいでしょう。

日本人学習者の発音を聞いていると、ドレミの全音に慣れているので、そのあいだの半音には無頓着のままで押し通そうとしている、そんなふうに聞こえます。微妙な音の差、これにもっと敏感になりましょう。これも子音同様、舌の位置や口の開き方を正しく守って練習すれば恐れるに足りません。朗報としては、子音よりずっとラクです。母音はすべて「声の音」で、日本人の不慣れな「息」の問題は関係ないからです。

ここでは日本人の英語が通じるようにするために、最低限守るべきだと感じている母音をごく単純化して取り上げます。

II 日本語の／ア／にあたる英語の母音は3つある

／ア／だけでも6つある、と言いましたが、この3つさえ区別できれば十分だと思う／ア／の音を紹介します。

日本語の／ア／に近い音　その1

日本語の／ア／にいちばん近い音から始めましょう。では、日本語で／ア／と言い、そこからさらに下あごを下げてください。舌は何もせず平らに。唇は丸めないでください。それで／ア／と言ってみましょう。あごが下がっているので、日本語の／ア／より深い音で、少し／オ／に近い感じのする音です。

タテに指3本入りますか？

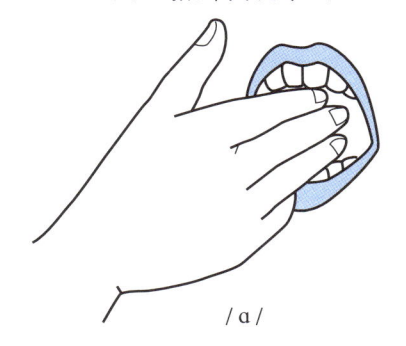

/ɑ/

下あごを下げると言っても、人によって基準が異なります。最近の学生の様子を見ていると、あごの下げ方が足りません。そこで図のように、タテに指3本を入れさせてみます。最近の子供はやわらかいものばかり食べているので、あごが未発達だと言われていますが、私は肌でそれを感じます。

3本も入れたら痛い、という学生が増えてきました。2本、いや1本すらやっとだ、などということもあります。英語は口の動きが日本語よりはるかに激しいので、これでは困ります。英語を滑舌よく発音するには、あごの動きをよくしましょう。

話を元に戻すと、この／ア／はタテに指3本入れるくらいの気持ちであごを十分に下げます。こめかみのあたりから動かすとよいでしょう。そんなわけで私は授業で、この／ア／の音を勝手に「あご下げ／ア／」と呼んでいます。専門的には、「あご下げ／ア／」などと言ってもまったく通用しませんので悪しからず。発音記号では/ɑ/で表わされますが、発音記号の嫌いな方はお気になさらずに。

やってみよう

TRACK 24

/ɑ/

スペリングに惑わされる日本人の悲しいサガ

たとえば、'hot' という単語を発音してください。／ホット／？　ウーン、それでは通じません。事実、アメリカで "Hot tea." が通じなかったと言ってきた学生は、その発音でした。スペリングに 'o' が入っているので、／ホ／って言いたくなりますよね。でも／オ／ではなく／ア／なんです。しかも「あご下げ／ア／」なんです。なので／ハッ(t)／となります。語尾を/t/と表わしたのは、/t/の後ろには余計な母音をつけてはいけないからです。しかも（　）で囲んだのは、子音の章で説明したように、アメリカ英語において語尾の/t/は発音の準備だけして発音にいたらないことが多いので、発音しなくても構わないからです。

ローマ字教育が仇(あだ)になる!?

じつは、スペリングに 'o' が入っていると／オ／と発音してしまうのが、日本人英語の大きな間違いです。この悲しいサガはローマ字を習う小学校中学年から顕著に見られます。ローマ字教育は必要ですが、そのお陰でスペリングをローマ字読みしてしまう、という癖を植え付けられてしまうのは困りモノです。小学生に発音を教えるなら、ローマ字を習う以前の方がよいと私は思います。

では、'o' が「あご下げ／ア／」である例を挙げましょう。日常使う大切な語に多いので、ここはしっかり覚えるしかありません。

第2章　通じる母音に切り替えよう

やってみよう

TRACK 25　　/ɑ/音

(1) st**o**p	(2) d**o**ct**o**r	(3) b**o**dy	(4) c**o**ffee	(5) h**o**spital
／スtp／ タ	／ドkタ／ ダ	／ボディ／ バ	／コフィ／ カ	／ホsピタl／ ハ
(6) c**o**py	(7) b**o**ttle	(8) l**o**t	(9) n**o**t	(10) h**o**nest
／コピー／ カ	／ボトl／ バ	／ロッt／ ラ	／ノッt／ ナ	／オニスt／ ア

統一した発音がいいですね

(9) の 'not' ですが、スペリングにつられて／ノット／と発音する学生のなんと多いことか。イギリス英語では、そのように発音するので、間違いというのは語弊があるかもしれません。イギリス英語ではスペリングの 'o' を／オ／に近い音で発音することが多いからです。ですから、全体をイギリス英語で統一するならよいのですが、ほとんどがアメリカ英語なのに、一部分イギリスふうというのは避けた方がよいでしょう。

上に挙げた語は、多くがカタカナ表記の外来語として日本語になってしまっています。／ストップ／と日々言い慣れているけれど、本当は／スタッp／だ、とか、／コピー／は正しくは／カピー／だ、なんて驚きませんか。

注意

①スペリングの 'o' は、／オ／ではなく、「あご下げ／ア／」であることが多いので、注意しましょう。辞書で発音記号を調べてみると、すぐに確かめられます。/ɑ/なら「あご下げ／ア／」で、/ɔ/なら／オ／です。
②カタカナの外来語は「ア」を「オ」に変えてしまっていることが多いので注意しましょう。

日本語の／ア／に近い音　その2

2つ目の／ア／は、／エ／に非常に似た音です。要領は以下の通り。
①口の端を横に引っぱるようにして／エ／と言います。
②すぐに／エ／の口のまま／ア／を言いましょう。

／エア／を速く言う要領です。ポイントは、日本語の／エ／より、ウンと口を横に張ることです。英語の母音は、見るからに口の回りの筋肉が大忙しです。この音の味を出すには、口の両端と舌の左右の端に力を入れるといいでしょう。ちなみに私は、この／ア／の音を他の／ア／と区別するために、授業で「エアの／ア／」と呼び、図のようにトトロのような口で学生に迫りいやがられています。

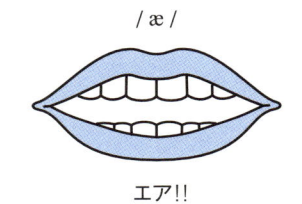

/æ/

エア!!

この音はアメリカ英語を「らしく」響かせる音ですから、ぜひマスターしたいものです。たとえば 'cat' の 'a' はこの音です。／キャット／のつぶれたような音がそれです。タテに口を開かないで横に口を引っぱりましょう。この／ア／の発音記号は/æ/です。

では、'bath', 'happy', 'land' の3つの単語で、紙上レッスンです。まず、どこに「エアの／ア／」があるか意識してください。前章の復習をかねて子音にも注意してください。

やってみよう

TRACK 26　　/æ/音

/æ/　bath, happy, land

第2章 通じる母音に切り替えよう

／バ／ではなく／ベア／

1. **ba** th (ベアθ)
   前歯を舌先に乗せて息を吹いて／θ／

／ハ／ではなく／ヘア／

2. **ha** ppy (ヘアピー)　注：（ハッピーと「ッ」を入れないように）
   ピー

／ラ／ではなく／レア／

3. **la** nd (レアンd)

TRACK 27　　/æ/音

(1) l<u>au</u>gh　(2) d<u>a</u>nce　(3) <u>a</u>nswer　(4) l<u>a</u>st　(5) <u>a</u>nimal
(6) d<u>a</u>d　(7) c<u>a</u>p　(8) <u>a</u>ngry　(9) C<u>a</u>nada　(10) h<u>a</u>lf

日本語の／ア／に近い音　その3

「あご下げ／ア／」「エアの／ア／」ときたら、次は何でしょう？　あごをウンと下げたり、口を横に引っぱったりと、かなりエネルギー燃焼系ですから、今度は舌をアクロバティックに動かすとか？

いいえ、3つ目は何もしないんです。あごも下げない、横にも引っぱらない、舌もダラ〜んとしたまま。おお、それはラクだ！　そうです、すべての母音と子音の中で、もっともラクして出してよい音なので、'lazy a' などと呼ばれることもあるほどです。発音記号は/ə/です。

曖昧母音の習得法、あの手この手で

英語のネイティブ・スピーカーにとっては最高にラクなこの音は、じつは私たち日本人には、ちょっと厄介。指導する側も相当苦労します。この音を身に付ける作戦をいくつかあみ出したので、それをご紹介しましょう。

日本語の／ア／は、少しあごを下げますね。それに慣れてしまっている日本人は、あごを下げずにいられないからです。発音の要領は以下の通りです。

①唇、あご、舌、すべての力を抜き、動かさない。
②口はわずかに開ける。
③あごを下げずに、／ア／を言う。

弱い／ウ／とも／ア／ともつかない曖昧な音に聞こえるので、「曖昧母音」と呼ばれ、ニックネームは「シュワ（schwa）」です。これは、専門的に使われているニックネームですから、本書でもこれから「シュワ」と呼びます。

やってみよう

TRACK 28

/ə/

どうしてもあごが下がってしまう人は、唇を丸めないように気をつけて／ウ／と言っても構いません。とにかく、日本語の／ア／のようにあごを下げないこと、これが鉄則です。

頬杖（ほおづえ）してみよう

学生を見ていると、あごを下げる癖が抜けない場合があります。そういう場合は机の上に両手で頬杖をつかせ、あごがそれ以上下がらないように固定させてから／ア／と言わせます。そのときの音色とあごの感触を覚えさせてから頬杖をはずす、という「補助輪つき自転車」作戦をとっています。これでうまくいくこともありますが、頬杖をついても「セサミストリート」のアーニーがパクパクしゃべるように、上あごを上に動かす、というツワ者もいます。

第2章 通じる母音に切り替えよう

カオナシになろう

口の形をアレコレ言われると、混乱してしまう学生には、「カオナシ作戦」で対応しています。『千と千尋の神隠し』に出てくるカオナシというキャラクター、ご存じですか？ カオナシは／ア／としか音声を発せられないオバケ（？）なのですが、このカオナシの／ア／こそ、求めている／ア／の音なのです。学生に、「カオナシになりきって／ア／と言ってごらん」と言うと、アーラ不思議、すぐできます。

曖昧母音の使用頻度はなんと！

二重母音を含めて英語の母音を18に分け、それぞれの会話の中で使用される頻度を調べたある研究結果によると、この「シュワ」が断然トップでした。全母音のうち、20パーセントを超える使用率だ、というのです。

それだけ頻繁に使われる音を「通じる発音」にできれば、発音の全体のレベルをグッと上げることができます。しかし、反対に「通じない発音」だったなら、コミュニケーションに支障をきたす可能性もあります。

では、単語で紙上レッスンといきましょう。'come', 'love', 'color' の3つにトライしてみましょう。下線部が「シュワ」です。シュワに強勢が来た場合の /ʌ/ は、シュワよりあごが下がります。

やってみよう

TRACK 29 /ə/と/ʌ/音

1. c<u>o</u>me ／カm／
   あごを下げずに言うので、／クm／に近い音。

2. l<u>o</u>ve ／ラv／
   ／ラv／より／ルv／に近い音。/v/は前歯の端を唇に乗せて空気を吹く。

3. c<u>o</u>lor ／カラー／
   ／カ／も／ラー／も母音はシュワですから、／クラー／のような音。

間違えてあごを下げて発音すると、「襟(えり)」の意味の 'collar' /ɑ/ になりますからご注意を。

注意

シュワ /ə/ は強勢がきた場合、発音記号は /ʌ/ と表記されますのでご注意を。

やってみよう

TRACK 30 /ə/音

(1) but (2) up (3) the (4) study (5) does (6) money
(7) done (8) nothing (9) about (10) banana

以上、「あご下げ／ア／」「／エア／」「シュワ」の3つは、日本語で表わすと十把(じっぱ)ひとからげに／ア／と表現されてしまいます。しかし、これからは単語に／ア／の発音が含まれていたら、「この3つのうちの、どれかな？」と意識して発音しましょう。私も、ここだけの話、今でも「この／ア／はどれかな？」と、辞書で発音記号を調べることがあります。辞書で確かめたい方のために、発音記号をまとめておきましょう。

```
「あご下げ／ア／」→/ɑ/
「エア」→/æ/
「シュワ」→/ə/
```

III

日本語の／イ／にあたる英語の母音は2つある

①緊張型 と ②弛緩型の2つの音

{
①伸ばすときは日本語の／イー／と同じ（発音記号は/i/）
　　（例）eat ／イーt／、she／シー／
②伸ばさないときは／イ／と／エ／の中間の音（発音記号は/ɪ/）
　　（例）it ／エット／、live／レv／
}

①の／イ／は、ほぼ日本語の／イ／と同じなので、ここでは軽く触れましょう。日本語の／イ／より緊張した音で、口の両端を横に引っぱって／イー／と伸ばします。

では、即、紙上レッスンです。'eat', 'she', 'field' を発音してみましょう。

やってみよう

🎧 **TRACK 31**　　/iː/音

(1) **eat** ／イーt／
／イー／は思いっきり口を横に平たくして発音し、最後の/t/は、語尾にあるので音にならなくてもよい。/t/の後ろに余計な母音をつけて／イート／と言わないように注意しましょう。

(2) **she** ／シー／
/ʃ/の直後に／イー／をつけましょう。

(3) **field** ／フィーウd／
/f/は前歯を下唇の上に軽く乗せて息を吹きます。/l/は／オ／のような／ウ／のような音でしたね。語尾の/d/は、発音しなくてもよいですが、くれぐれも余計な母音をつけて／フィールド／と言わないでください。

やってみよう

TRACK 32 /iː/音

(1) gr**ee**n　(2) t**ea**cher　(3) mach**i**ne
(4) p**eo**ple　(5) **ei**ther

②の弛緩型の／イ／の方が大事です

私が中学生のとき、アメリカ人の先生の 'if' と言う語が／エフ／に聞こえ、「／イフ／じゃないの？」と思ったことがありました。もう1つの／イ／は、このように／エ／に聞こえてしまう／イ／、日本人にとって要注意の音です。この／エ／に近い／イ／の特徴は、

1. ／イー／と伸ばさない短い音。
2. 口の周りの力を、すっかり抜いて発音する。

まずは日本語の調子で／イー／と言ってください。口角がキュッと上がって力が入っていて、歯をムキ出しています。その力を抜いてください。すると、歯はだいぶ隠れてしまい、口角は下に向いています。このままの状態で／イ／と言うと、自然と／イ／と／エ／の中間の音ができます。これがほしい音です（発音記号は／ɪ／です）。

日本人が不得意なのは、この音です。日本語の／イ／のように口角を上げ過ぎてしまうからです。力を込めたくなるのをグッとこらえて、短く、軽く曖昧に発音しましょう。では 'it', 'live', 'kiss' を発音してみましょう。

やってみよう

TRACK 33 /ɪ/音

(1) it　／イット／ではなく／ɛt／と発音した方が通じます。
(2) live　／リヴ／ではなく／ɾɛv／がよいでしょう。
(3) kiss　／キス／ではなく／ケs／の方が近いです。

第2章 通じる母音に切り替えよう

もちろん、上記の／エ／／レ／／ケ／をあまりはっきり言ってはいけません。

やってみよう

TRACK 34　　/ɪ/音

(1) g_ive　(2) h_is　(3) s_ick　(4) _in　(5) th_ink

IV /ウ/にも2種類ある

①緊張型と ②弛緩型の2つの音

/イ/の場合と考え方は同じです。/ウー/と伸ばすか伸ばさないかで音が異なります。

> ①伸ばすときは日本語の/ウー/と同じで緊張した音（発音記号は/u/）
>   （例）you /ユー/、who /フー/
> ②伸ばさないときは/ウ/と/オ/の中間の音、弛緩した音（発音記号は/ʊ/）
>   （例）full /フl/、put /プッ(t)/

私たち日本人にとって要注意なのは②の音なので、ここでは②のみ練習です。

（1）日本語の/ウー/を、うんと唇を突き出して言ってみましょう。
（2）次に突き出た唇から力を抜いて、唇を平らにしましょう。そのまま/ウ/と短く言います。

/ウ/は、唇を平らにして言うと/オ/に近い音になります。これが求める音です。'full' は/フル/ではなく、どちらかというと/フォオ/に近い音になります。ホームステイ先で食事のお代わりを勧められて、「もうお腹いっぱいです」のつもりで "I'm full." と言ったけれど、'full' をきつい/ウ/音で発音してしまい "I'm fool." と勘違いされ笑われた、という学生がいました。

やってみよう

TRACK 35　　/ʊ/音

では、**(1) p<u>u</u>sh**　**(2) f<u>oo</u>t**　**(3) c<u>ou</u>ld** の練習です。

まず、伸ばす音かどうかを確認しましょう。たとえば(1)は/プーシュ/と伸ば

第2章 通じる母音に切り替えよう

さず／プッシュ／と短いですね。ですから、唇を平たくして／オ／に近い／ウ／で発音しますから、／プッシュ／と／ポッシュ／の中間のような音です。（2）は／フッt／と／フォt／の中間、（3）は／クッd／と／コッd／の中間音です。

やってみよう

TRACK 36 　/ʊ/音

(1) p<u>u</u>ll　(2) sh<u>ou</u>ld　(3) b<u>oo</u>k　(4) l<u>oo</u>k　(5) g<u>oo</u>d

注意

残念ながら、日本の英和辞典では、/u/と/ʊ/とを区別せず、/u/で統一しているものがほとんどです（研究社『ルミナス英和辞典』では区別）。ですから/u/と書いてあっても、／ウー／と伸ばさないときは/ʊ/だと思って、自分で判断しましょう。

V /オ/にも2種類ある

① /オー/のように伸ばしっぱなし（発音記号は/ɔ/）
　　（例）caught /コート/、law /ロー/、ball /ボール/
② /オゥ/と最後に唇を丸める（発音記号は/ow/）
　　（例）coat /コゥト/、low /ロゥ/、bowl /ボゥル/

「オー」と「オゥ」では大違い

日本人はこの音に対して大変いい加減です。たとえば「王様」には「オウサマ」と仮名をふりますが、実際話すときには「オーサマ」と言ってしまいます。誰も間違った発音だとは咎めません。「今日」を振り仮名通りに「きょう」と発音したら、かえって日本語らしくなくなり、「きょー」と発音します。それに慣れているので、英語でも「オゥ」と発音すべきときに「オー」と言って大丈夫なつもりでいます。これはいけません。例に挙げたように、/ロー/と伸ばせば「法律」(law)、/ロゥ/と唇を丸めれば「低い」(low) の意味になり、まったく意味が変わってしまうのです。今日から「オー」と伸ばしっぱなしにするか、「オゥ」と唇を丸めるか、単語によって注意深く区別しましょう。

耳で聞いただけでは区別がつけにくいという方は、発音記号を見て辞書で確かめることをお勧めします。伸ばす方の「オー」は/ɔː/または/ɔ/、唇を丸める方の「オゥ」は/ow/や/oʊ/や/ou/などです。たとえば、とっさに「8月」を意味する'August' は「オーガst」なのか「オウガst」なのか区別がつきますか？　誰でもウロ覚えなものです。そこで辞書を引くと/ɔːgəst/とあるので一目瞭然、伸ばす方の「オー」だとわかります。

ただ伸ばすだけでよい ①「オー」の方が日本人にとってはラクです。その代表例を練習しましょう。

第2章　通じる母音に切り替えよう

やってみよう

🎵 **TRACK 37**　　/ɔ/音

(1) <u>a</u>ll　(2) t<u>a</u>ll　(3) t<u>a</u>lk　(4) f<u>a</u>ll　(5) w<u>a</u>lk　(6) s<u>a</u>lt　(7) s<u>aw</u>　(8) th<u>ough</u>t

反対に注意が必要なのは／オゥ／の方ですね。たとえば 'b<u>o</u>th'、'd<u>o</u>n't'、'<u>o</u>nly' の3つを、日本人は／ボーθ／、／ドンt／、／オンリー／と伸ばして発音しがちですが、それは間違いです。これらは下線を／オゥ／で発音すべき単語で、それぞれ／ボウθ／、／ドウンt／、／オウンリー／が正しい発音です。練習してみましょう。

やってみよう

🎵 **TRACK 38**　　/ow/音

(1) b<u>o</u>th　(2) d<u>o</u>n't　(3) <u>o</u>nly　(4) <u>o</u>h　(5) pian<u>o</u>　(6) g<u>o</u>　(7) n<u>o</u>　(8) th<u>ough</u>

VI これで母音は完璧　〜二重母音〜

「愛」？　「アーィ」？

英語の母音を母音らしく発音する方法を見てきましたが、あと1点だけ磨きをかけたら、あなたの英語の母音の発音は完璧です。それは「二重母音」と呼ばれるもの、つまり母音が2つ連続する音です。たとえば「ア」と「イ」という母音が連続している 'eye' などがその代表です。それなら日本語にも「愛」という言葉があるから同じかというと、違うのです。

日本語の「アイ」は、「ア」と「イ」のどちらも同じ長さと大きさで発音します（厳密に言えば高低がつくかもしれませんが）。しかし、英語の発音は「アイ」ではなく「アーィ」という感じです。「ア」の方が長く大きく、「イ」は短く小さく発音されます。

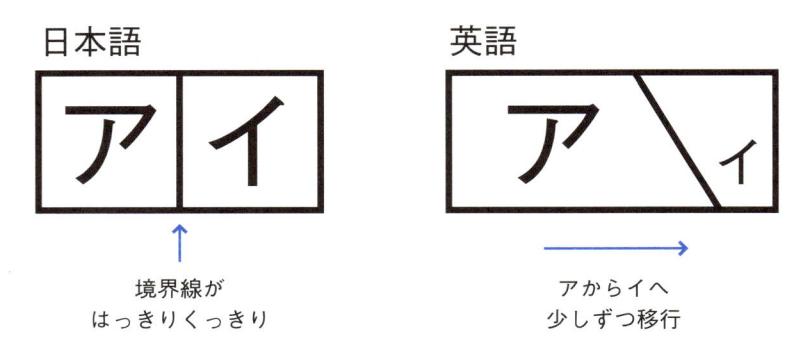

日本語　　　　　　　英語

| アイ |　　　| ア ／イ |

↑　　　　　　　　　→
境界線が　　　　アからイへ
はっきりくっきり　少しずつ移行

日本語では母音が連続するとき、どちらもはっきり発音し、「ア」から「イ」への移行がスパッとしていますが、英語では移行部分がなだらかでハッキリしていないのが特徴です。日本人が英語の二重母音を発音すると英語らしくないのは、このあたりの違いに気付いていないせいがあります。二重母音はなだらかに、徐々に弱くしながら発音しましょう。

注意すべき英語の二重母音には①「アーィ」②「アーゥ」③「オーィ」④「エーィ」とすでに紹介した⑤「オーゥ」の5つがあります。これら5つの発音

第2章 通じる母音に切り替えよう

に、ちょっとした注意を払うだけで、グンと英語らしい発音になります。ポイントは初めの音を強く長めにして、語尾の「イ」や「ウ」を小さくオマケ程度に発音することです。

(1)「アーィ」

'sky' をどう発音しますか？ 「スカイ」はよくありません。「カイ」の部分に「アーィ」という二重母音が含まれていますから、「sカーィ／sカィ」と発音しましょう。他にどのような単語にこの二重母音が含まれているでしょうか。練習してみましょう。

やってみよう

TRACK 39 ／アィ／

(1) pie (2) buy (3) knife (4) rise (5) bright (6) type (7) quiet (8) climb

(2)「アーゥ」

「ア」から「ウ」へは、口の形をいきなり変えないで、徐々に移行します。'now' は「ナウ」ではなく「ナーゥ」です。他にはどのような音にこの二重母音が含まれているでしょうか。練習してみましょう。

やってみよう

TRACK 40 ／アゥ／

(1) now (2) cow (3) loud (4) flower (5) flour (6) south (7) allow

(3)「オーィ」

'oil' は「オイル」と発音するとなかなか通じないことがあります。「オイ」の部分は「オ」と「イ」をきっちり区別しないで「オーィ」と流れるように移行させましょう。この二重母音の含まれる単語を練習します。

やってみよう

◎ TRACK 41　／オィ／

(1) oil (2) coin (3) choice (4) voice (5) boy (6) point (7) enjoy (8) noise

(4)「エーィ」

'radio' には2つも二重母音が含まれています。せっかくそれがわかっていても、「レイディオウ」と発音したのでは、ジャパニーズ・イングリッシュに聞こえます。「レーィ・ディ・オーウ」と言うと途端に英語らしく聞こえます。では練習です。

やってみよう

◎ TRACK 42　／エィ／

(1) stay (2) eight (3) today (4) paper (5) radio (6) break (7) cake (8) take

(5)「オーゥ」

日本人の "No." はどうも迫力がありません。それは「ノー」と発音してしまい、二重母音になっていないからです。「ノーゥ」と発音すれば凄みが出ます。'hotel' も「ホテル」と発音しがちですが、じつは二重母音なので「ホゥテl」です。では練習です。

やってみよう

◎ TRACK 43　／オゥ／

(1) no (2) most (3) hotel (4) phone (5) clothes (6) so (7) host (8) don't

第3章

音変化はクセモノ!?

基礎編
I　くっつく音
II　フラップ/t/
III　英単語のフシ　〜母音のリダクション〜
発展編
I　2種類の発音をもつ単語　〜強形と弱形〜
II　日常会話に欠かせない語

I 基礎編

くっつく音

わけのわからない音のかたまりの正体

日本語は比較的書かれた通りに発音されます。たとえば、「また来てね」は「マタキテネ」以外ありません。しかし英語では "Come again." は「カム・アゲン」ではなく「カマゲン」となります。'come' は「カム」だと思い込んでいると、「カマ」は知らない単語か、聞き間違いだと思ってしまいます。

英語ではこの現象がしばしば起きます。1つのセンテンスの中に少なくとも1回、多ければ4〜5回は起きます。たとえば、"It's all over in an hour." は「イッツオーロウヴァリンナナウワ」と5か所も音がくっついてしまい、6つの単語がひと続きになっています。これではわけのわからない音のカタマリとしか聞こえません。

なぜ、英語では音がくっつくのでしょうか。答えは「音の配列」にあります。「子音＋母音」の配列があるところでは、すかさず音がくっつきます。ある単語の語尾が子音で、次の単語の語頭が母音のとき、この子音と母音で1つの音をつくってしまいます。

リエゾン

たとえば 'in' と 'an' が隣り合っているとき、'in' の語尾は 'n' という子音で、'an' の語頭は 'a' という母音、つまり子音＋母音という音の配列になっています。ですから、自動的に「n＋a」の音、つまり「ナ」という音ができあがります。その結果、全体で「イナン」という音になります。このような現象を「リンキング（linking）」、あるいは「リエゾン（liaison）」（フランス語で「連結」という意味）と呼びます。この配列が連続して起きれば、いくらでも単語が連なっていきます。

日本語にはない現象

日本語に「リエゾン」はあるでしょうか。五十音図を思い浮かべていただければ

わかるように、日本語は「ん」以外は初めから「子音＋母音（たとえば『カ』は k＋a）」か「母音（つまり『アイウエオ』）」で成り立っているので、子音で終わる語がありません。ですからリエゾンが起きる環境がほとんどないので、日本語ではリエゾンはないと思っていいでしょう。

ですから日本人にとってリエゾンは慣れない音変化です。母国語にない現象は、とかく発音することも聞き取ることも、最初はうまくいかないものです。しかし仕組みを理解して、慣れてしまえば大丈夫です。慣れるためにすべきことは、リエゾンを起こした語句を繰り返し聞き、自分でも発音してみることです。

では、次のような場合は、どこでリエゾンが起きるでしょうか？　単語間に起きる「子音＋母音」の配列を見つけましょう。

やってみよう

TRACK 44　　リエゾン

(1) all over　　(2) am I　　(3) have a

(1) **all over**

'l' は子音、'o' は母音ですから、ここでリエゾンが起こります。ですから発音は「**オール・オウ**ヴァー」と１単語ごとに切って発音せずに「オー**ロウ**ヴァー」となります。

(2) **am I**

'm'（子音）と 'I'（母音）の間でリエゾンが起きて「ア**マ**イ」となります。

(3) **have a**

'have' の語尾は 'e' で母音ではないか、と思われるかもしれませんが、スペリング上の母音の有無ではなく、発音が子音で終わっているかどうか、という意味です。'have' の発音は「ハヴェ」ではなく「ハv」で語尾に母音はありません。ですから語尾の 'e' はないものとして考え「v＋a」、つまり子音＋母音の配列なので「ハヴァ」となります。

さきほど例に挙げた

It's all over in an hour.
ツオ　ロウ　　リン　ナ　ナウワ

は、5か所も「子音＋母音」の配列が重なっています。

やってみよう

◎TRACK 45　　リエゾン

どこでリエゾンが起きるか印をつけてから、発音してみましょう。
(1) Can I use it?　(2) That's a good idea.　(3) First of all.
(4) Take it easy.　(5) I'm on it.

答：

(1) Can I use it?
　　ナィ　ズィッ
　（キャナィ**ユー**ズィッ）

(2) That's a good idea.
　　ツア　　ダイディア
　（ザッツァ　グッダィ**ディア**）

(3) First of all.
　　ト　ヴォー
　（ファーストヴォー）

(4) Take it easy.
　　キティー
　（テイキ**ティー**ズィー）

(5) I'm on it.
　　マ　ニッ
　（アィ**マ**ニッ）

II 基礎編
フラップ /t/

ブリンギドンって？

リエゾンについてわかっていただけましたか？ では、2004年アメリカ大統領選挙の民主党候補のケリー氏のキャッチフレーズを思い出してください。"Bring it on!" です。「かかってこい！」のこのセリフを支持者とともに叫ぶとき、どのように発音していたでしょう。

Bring it on!
　　　⌒⌒
　　　ギ ト
　ブリンギトン

"Bring it on!" はリエゾンの法則に則って発音すると「ブリンギ<u>ト</u>ン」となります。でもケリー氏の発音をよく聞くと、「ブリンギ<u>ド</u>ン」、あるいは「ブリンギ<u>ロ</u>ン」のように聞こえました。はて、これはどういうことでしょうか？ 彼がなまっているのでしょうか。

いいえ、彼がなまっているわけではありません。誰が言ってもアメリカ人ならこのように発音する人が大多数です。ここにも音変化が起きていて、アメリカ英語独特の音変化で、リエゾンと並んで英語学習者にとって大切なポイントの1つです。

「フラップ /t/」という音変化の鉄則

/t/ の音が前後を母音ではさまれた場合に、本来「タ行」である /t/ が「ダ行」のような、「ラ行」のような音に変化します。このように変化した /t/ を、「フラップ（flap）/t/」と呼びます。専門用語は苦手な方も、これは知っておいてください。今後、この知識はとても重宝します。ただし、後ろの母音にアクセントがくる場合はフラップは起こりません。たとえば 'attend' の中の /t/ は、母音にはさまれていますが、「ァ<u>テ</u>ンd」のように後ろの母音を強く発音しています。このような場合はフラップしていません。

わかりやすい例を挙げると、'water' を「ウォター」と発音しても、なかなかアメリカ人にわかってもらえません。これを「ワーダ」とか「ワーラ」と言ってみましょう。すぐに「水ね！」とわかってもらえます。'water' という単語を調べてみると、

wa<u>t</u>er

/t/は前を「オ」、後ろを「アー」という母音にはさまれています。ですから/t/は「フラップ/t/」となり、ダ行に近く発音すれば「ワーダ」となり、ラ行に近く発音すると「ワーラ」となるわけです。

ケリー氏の "Bring it on!" に話を戻しましょう。

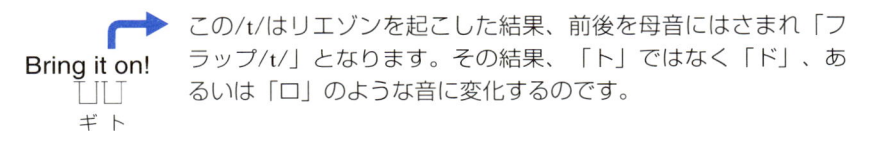

Bring it on!
ギ ト

この/t/はリエゾンを起こした結果、前後を母音にはさまれ「フラップ/t/」となります。その結果、「ト」ではなく「ド」、あるいは「ロ」のような音に変化するのです。

この、リエゾンとフラップ/t/がいっぺんに起きる音変化は、大変よくある現象です。例を挙げてみましょう。

（１）"Check it out!" はどうなるでしょうか。

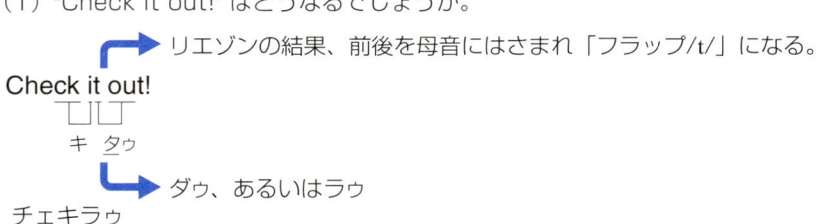

Check it out!
キ タゥ
チェキラゥ

リエゾンの結果、前後を母音にはさまれ「フラップ/t/」になる。

ダゥ、あるいはラゥ

今、若い人の間で「チェキラ」という言葉がはやっていますが、元々はこの "Check it out." です。意味は「チェック入れておこう！」といったところでしょうか。

第3章　音変化はクセモノ!?

（2）"Shut up!"「黙れ！」は有名ですが「シャラッ(p)」と言いますね。「シャッタッ(p)」と発音されないのは、以下のような音変化をするからです。

Shut up !
シャラッ

リエゾンの結果、前後を母音にはさまれ「フラップ/t/」になるので、「シャラッ／シャダッ」と発音される。

（3）"What are you doing?" はどうなるでしょう。

What are you doing?
ワ　ダ　　ユ　ドゥーイン

'What are' の部分がリエゾンとフラップ、2つの音変化が重なり、「ワダ」と聞こえるので、"What do you doing?" と書き取る人がいます。文法的におかしいですが、'do' のように聞こえてしまうのは確かなので "What do you do?" とほとんど同じに聞こえます。

では、単語内でフラップが起きている場合と、単語間でフラップが起きている場合と分けて練習してみましょう。下線部分が「フラップ/t/」になる条件の整った箇所です。

やってみよう

TRACK 46　　フラップ/t/

練習①：単語内フラップ/t/

(1) letter	(2) better	(3) bitter	(4) butter	(5) atom
レダ	ベダ	ビダ	バダ	アダm
またはレラ	ベラ	ビラ	バラ	アラm

練習②：単語間フラップ/t/

(1) what I	(2) at all	(3) what if	(4) right away	(5) put out
ワ　ラィ	アロー	ワ　リf	ライダウェイ	プラウ(t)

「フラップ/t/」の発音方法

「フラップ」は英語の 'flap'「パタパタする」からきています。何がパタパタするかというと、舌先がパタパタするので、この名がつきました。

> ⚠️ 発音のポイント

舌先は上の前歯の裏側の、歯と歯茎の境目あたりにつけて、手前にペロッと軽く舐（な）めます。舐めると同時に空気を短く鋭く吐きます。初めは吐く息の勢いが弱過ぎるとうまくいきません。

では 'water' で練習してみましょう。／ワーラ／の／ラ／がフラップ/t/ですから、／ワー／と発音したあと、舌先を上の前歯の裏側の、歯と歯茎の境目につけて、手前にペロッと軽く舐めながら、短く勢いよく空気を吐きましょう。どうですか、／ワーラ／となりましたか。／ラ／の音は、弾（はじ）かれたような音になりますね。ですから「フラップ」は「弾音（だんおん）」とも言います。

辞書に載っていることもあります

最近の英和辞典には、フラップ音を発音記号で記しているものが増えてきました。しかし統一されていないのが現状です。'better' を例にとってみると、ある辞書では/béṭər/のように/ ̬/のマークを/t/の下につけていたり、/béṭər/のように/t/に下点をつけることもあります（たとえば、研究社『ルミナス英和辞典』）。また、/bérər/のように/r/という発音記号をフラップ/t/として使用することもあります。自分の辞書がどのようにフラップ音を表わしているか、試しに 'better' を引いて確かめてみましょう。また辞書の前の方のページには、「この辞書の使い方」という項目が設けてあります。その中では、発音についてのその辞書のポリシーが説明されていますので、そこも見てみましょう。

リエゾンもフラップも大切なのにあまり教わらない

日本で出版されている英和辞典はフラップ音を扱っていない場合が多く、ただの/t/音として表記されています。中学、高校の英語では教わらないことが多いのですが、このフラップ音はアメリカ英語を聞いたり話したりする上では避けては

通れません。前章で説明したリエゾンも然(しか)りです。6年間学校英語を習ってきたのに、実際にネイティブ・スピーカーの英語を聞いたときに「さあ〜っぱり、わっかりませ〜ん」と感じてしまうのは、リエゾンとフラップ音を習っていなかったから、ということが大きな原因だと私は思っています。

今までフラップ音を知らずにきた方は、いきなり発音せずにネイティブ・スピーカーの発音に耳の神経を集中させて聞くことから始めましょう。次に真似をしますが、もし可能ならば自分の発音を録音してネイティブの音と聞き比べてみましょう。ネイティブの音に近づくように、録音してはやり直すという作業を繰り返してみてください。フラップ音に限らず、録音は発音の向上にもっとも有効な訓練法です。効果が大きいこの方法をぜひやってみてください。

ではフラップ化した/t/の発音を練習しましょう。リエゾンとダブルの音変化をしているものもあります。

やってみよう

🎧 **TRACK 47** 　フラップ/t/

練習：

(1) The bottom line is they are in love.
(2) Let's get out of here.
(3) We gotta run.
(4) Give it up.
(5) The sooner, the better.
(6) What's the matter with you?
(7) Cut it out.
(8) Take it away.
(9) He called it off.
(10) Forget it.

練習のポイント：

(1) The bo**ttom** line is they are in love.
(2) Let's **get out of** here.
(3) We go**tta** run.
(4) Give **it up**.
(5) The sooner, the be**tter**.
(6) What's the ma**tter** with you?
(7) **Cut it out**.
(8) Take **it away**.
(9) He called **it off**.
(10) **Forget it**.

III 基礎編
英単語のフシ　〜母音のリダクション〜

「リダクション」って？

「リダクション 'reduction'」は 'reduce' という動詞の名詞形で、「縮小、削減、変形」という意味です。発音において「リダクション」というときは、「母音の弱化」を意味します。では「弱化」について説明しましょう。

竹のフシ

植物の竹を思い浮かべてください。竹には「節（ふし）」がありますね。英語の単語にも竹と同じように「フシ」があります。たとえば 'water' という単語は2フシでできています。'milk' は1フシで、'friend' も1フシです。では、'Japanese' は何フシでしょう？

答えは3フシです。フシの数え方のルールは簡単です。1フシの中には基本的に母音が1つ入っていて、子音はいくつ入っていても関係ありません。ゼロでもよいのです。子音だけではフシを（基本的に）つくれません。ここで大切なのは、発音上の母音の個数であって、スペリングにいくつ母音が入っているかではありません。

フシの中には何がある？

たとえば 'Japanese' はスペリング上、母音は4つありますが、発音上では3つですね（ジャ・パ・ニーz）。「ジャ」が第1番目のフシ、「パ」が2番目のフシ、「ニーz」が3番目のフシです。この、「竹のフシ」にあたる単語のフシを「音節（おんせつ）」

（syllable シラブル）と言います。ですから 'Japanese' は3音節でできていると言います。

英単語が何音節でできているか、そこまでオタクなことを学ぶ気はない、と思ったら大間違いです。何フシかわかって発音しないと、あなたの英語が相手に通じないかもしれません。

フシの概念が大切な理由1：ジャパニーズ・イングリッシュになっちゃう

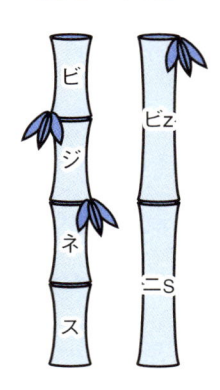

たとえば 'business' は何フシでしょう？　大抵の日本人は「ビ・ジ・ネ・ス」と4フシに分けます。これでは通じません。英語では 'business' は「**ビ**z・＝s」というように2フシに分けるのが正解です。

「ビジネス」のように外来語として日本語（カタカナ語）に定着してしまった単語は、特に日本人学習者が音節の数を間違えてしまいがちです。他の例で試してみましょう。

'doctor' 'English' はそれぞれ「ド・ク・ター」「イン・グ・リッ・シュ」として日本語に定着しています。じつは英語の発音では両方とも2音節なのです。

わかりやすく発音したつもりなのに…

英語のネイティブ・スピーカーは、強勢のある音節の音さえはっきり発音され、音節の数が正しければ、その語を認識することが可能だとさえ言われています。たとえば 'business' なら、強勢のある音節「**ビ**z」がきちんと発音されれば、「＝s」の部分の発音が仮に不明瞭でも 'business' だと認識できる、ということです。非常に乱暴に言えば、「ビz・＊」（＊の部分は「フン」と鼻を鳴らすだけ）でも 'business' だと文脈上わかり得る。なぜなら音節の数が守られているからです。「ビ・ジ・ネ・ス」とはっきり発音すればわかってもらえるわけではなく、かえって音節の数を増やしてしまうことになり、ネイティブ・スピーカーには

'business' だと認識してもらえなくなるのです。

それがかえって仇になるんです

こんな経験はありませんか。私たちの英語が相手に理解されないと躍起になって発音します。しかし、繰り返せば繰り返すほどに余計な母音ばかりが明確になってゆき、さらに理解されなくなります。「はっきり発音する」とは、日本語では母音の発音を明確にすることですが、英語では、それがかえって混乱の元になるのです。

頼りになります

でも 'business' を今まで「ビ・ジ・ネ・ス」と4音節で発音していて、今さら2音節だと言われても…と言う方に朗報です。その単語が何音節かをすぐに知る方法があります。それは辞書です。

ナカマル君

試しにあなたの辞書で 'business' と引いてみてください。見出し語の 'business' をよく見てみると、'busi' と 'ness' の間に中丸［中黒］（・）があるのに気づきましたか？　この中丸がフシの切れ目です。この中丸が1つなら、その英単語はそこで2つに分かれる、つまり2フシ（2音節）ということになります。中丸が2つなら3音節、中丸が3つなら4音節ということです。

子音だけを発音してね

では 'game' という単語を引いてみましょう。見出し語に中丸はありません。つまり1音節の単語です。ということは、その単語の中には母音が1つしかないことを意味しますね。ですから「ゲイム」と発音してはいけません。それでは2音節になるからです。「ゲイ」の中には「エイ」という母音（二重母音）があり、「ム」は「m+u」ですから「ウ」という母音が含まれています。つまり、余分な母音である「ウ」を最後につけてしまうと、音節の数が増えてしまい、1音節である 'game' とは異なる単語になるからです。余計な母音をつけないために「ゲ

イm」と発音しましょう。/m/は上下の唇をしっかり合わせてから、口を上下に離してつくる音で、余計な母音「ウ」を最後に付け足さないように、語尾で唇の形を丸めないようにしましょう。

母語の発音習慣を持ち込んじゃダメ

余計な母音を付け足さないというのは、じつは日本人にとって難しいことです。なぜなら、日本語の音は「ン」以外、すべてが母音で終わるからです。どうしても母語の発音習慣を、外国語を発音するときにも持ち込んでしまうからです。

余計な母音追加は国民病

後ろに母音を伴わない子音は日本人にとって発音しづらく、つい母音を付加して発音しやすくしてしまいます。たとえば、'it' は「イッt」というように最後に母音のない1音節の語です。しかし、つい「イット」のように余計な「オ」という母音を付加していませんか。

'It is …' というよくある文の始まりは「イッt・イz」と2音節が正しいのですが、「イッ・ト・イ・ズ」と余計な母音を2つも追加して、4音節にしてしまいます。これは日本人が英語を話すときの最大の欠点です。これが「ジャパニーズ・イングリッシュ」の正体です。どうも私の英語の発音は英語らしくない、と感じるなら、「余計な母音追加症」にかかっているのかも。

あなたの英語、余計な母音くっついてませんか？

余計な母音を加えると意味が通じなくなり、リズム感も損なわれ、英語らしくなくなる、と百害あって一利なしです。この母音追加症にかかっている日本人学習者はたくさん見受けられます。自覚症状のない場合も多いです。

では、日常会話で頻繁に使われる音で、日本人がつい余計な母音を付け加えがちな単語を発音してみましょう。

1. does 2. name 3. have 4. great 5. step

それぞれの良い発音と、母音を付加した「ジャパニーズ・イングリッシュ」的発音は以下の通りです。

	良い発音	余計な母音を付加されて、音節が増えてしまった日本人的発音
1. does	ダz（1音節）	ダ・ズ（2音節）
2. name	ネィm（1音節）	ネイ・ム（2音節）
3. have	ヘァv（1音節）	ヘア・ヴ（2音節）
4. great	gレィt（1音節）	グ・レイ・ト（3音節）
5. step	sテップ（1音節）	ス・テッ・プ（3音節）

恩師の教え

私がこの本を書くにあたり、発音の表記方法でもっとも苦心したのは、じつはこの点でした。'does' の発音を「ダズ」と表記した途端2音節になってしまいます。「ズ」はz＋u、つまり母音が付加された音だからです。そこで苦肉の策として、どうしても母音を付加してはいけない場合は子音の発音（この場合/z/）のみを発音記号で表記することにしました。

その結果、カタカナと発音記号が混じり合った形での表記になっています。カタカナ表記の部分は母音が含まれているので、恐れることなく書かれた通り発音していただき、発音記号で表記された部分は、どうか余計な母音を付加しないで子音だけを発音してください、という意味が込められているのです。

発音の方法を書き言葉で解説することには限界がありますが、私はこの混合表記がベストだと思っています。こうしなければ、いつまでも日本人の英語発音が、ジャパニーズ・イングリッシュから脱却できないと思うからです。恩師である故田辺洋二先生は、英語発音を表記する場合、この方法を採っておられ、この本を書くにあたり、私にこの方法を勧めてくださいました。

録音して聞く

自分の発音を録音して、子音で終わる音節に「ウ」や「オ」をつけていないか、自分の耳でチェックしてみましょう。私が今まで学生の発音を観察してきて感じるのは、余計に付加される母音は圧倒的に「ウ」と「オ」が多く、たまに「イ」があり、「ア」と「エ」はほとんどありません。

ここまでのまとめ

さて、話をフシ、つまり音節に戻し、まとめてみましょう（そこからさらに、リダクションまで話をもっていく予定です）。

竹のフシのように英単語にもフシがあり、それを音節と言いました。1つの音節の中には、母音が1つ入っているのが原則です。その母音の前や後ろにいくつ子音がくっついていても構いません。たとえば、'strong' という単語には、下線部の「オ」という母音が1つあり、その母音の前に /str/ という3つの子音があり、後ろには /ŋ/ という子音が1つあります。全部で4つの子音が1つの母音を取り囲んでいますが、これで1音節です。試しに辞書で見出し語を見てください。中丸がありません。つまり1音節なのです。

最長の1音節

音の多寡と音節の数は関係ありません。最長の1音節は 'strengths' という複数形の名詞で、母音「エ」の前に3つの子音、後ろに4つの子音があります。どんなに長くてもこれで1音節ですから、母音は 're' の部分の「レ」のみです。子音の連続が発音しにくくても「ストレンクスス」ではなく「stレŋkθs」と発音したいものです。しかし、できなくてもヘコまないでください。何しろ、これは最長の1音節ですから。

私たち日本人学習者が苦手な発音とは、このように子音が連続している場合です。では連続する子音を練習してみましょう。

> 第3章　音変化はクセモノ!?

やってみよう

🔊 **TRACK 48**　　連続する子音

(1) th<u>ree</u>　(2) <u>str</u>eet　(3) cam<u>ps</u>　(4) twel<u>fth</u>　(5) te<u>xts</u>

これで、余計な母音を追加することでフシの数を勝手に増やすことになり、通じない英語にしてしまう現象をわかっていただけましたか。

フシの概念が大切な理由2：弱化する母音がある

単語のフシの重要性について力説する理由は、もう1つあります。ちょっと長い説明ですが、ついてきてください。

'enough' が「アナf」と聞こえるのは？

私は高校生の頃、ネイティブ・スピーカーが 'enough' を「アナf」と発音しているのに違和感を覚えたことがあります。'enough' は「ィナf」だと教わっていたので、だらしない発音をする人なのかと思いました。しかし、そうではなかったのです。その後、そのような発音はそのネイティブ・スピーカーだけではないことに気付きましたし、また、それは 'enough' だけに限ったことではないことにも気付き始めました。

たとえば、ネイティブ・スピーカーによる発音で、'before' が「ビフォア」ではなく「バフォア」のように聞こえたり、'beautiful' が「ビュー<u>ティ</u>fl」ではなく「ビュー<u>タ</u>fl」のように聞こえたりすることがありました。そのような経験はありませんか？

ジョン・レノンの 'Beautiful Boy' という歌があり、この題名が何回もリフレインされますが、「♪ビュー<u>タ</u>フォ、ビュー<u>タ</u>フォ、ビュー<u>タ</u>フォ、ビュー<u>タ</u>フォ、ボーイ♪」と歌っています。

このように聞こえた理由にも、フシ（音節）の概念が関わってきます。

1単語の中で強勢のあるフシは1つだけ

'beautiful' は何フシでできているでしょう。辞書で引いてみると 'beau・ti・ful' と中丸が2つあり、3フシ（音節）であることがわかります。では次に、辞書の見出し語の次に書かれている発音記号を見てください。発音記号は苦手だという人も、/´/のマークがどの母音の上に書かれているかは一目瞭然です。/´/は強勢マークで、その音節を強く発音するという意味です。

強勢のないフシはどうなるの？

分けたフシのどれか1つに必ず、この強勢マークがつきます。つまり、1つのフシが他のフシより強く発音されます。'beau・ti・ful' の発音記号は/bjúː・tɪ・fəl/です。／ビュー／の音節に強勢マークがついていますから、この音節を強く発音し、残りの／ティ・フl／の2音節は弱く発音します。

母音の音色(ねいろ)が変わっちゃう！？

さあ、やっと長いこと「フシ」の重要性を力説してきた理由が判明するときがやってまいりました。強勢マークのある音節を強く、強勢のない音節は弱く、というだけでは英語は終わりません。強勢のない音節では母音の音色まで変わるのです。

太いフシ、細いフシ

強勢のある音節は、強く、大きく、はっきりと発音されます。強勢のある音節は大事にされているわけです。その強勢のある音節を相対的に際立たせるため、その他の強勢のない音節は省エネルギーで発音され、弱く、小さく発音されます。強勢のあるフシは、他のフシの栄養を吸い取って太いフシになっている、という感じです。

第3章　音変化はクセモノ!?

痩せっぽちは省エネだ

栄養を吸い取られた強勢のない音節では、なるべくエネルギーを消費しないようにします。前章の母音の項で、日本語の「ア、イ、ウ、エ、オ」にあたる英語の音には、大雑把に分けて、それぞれ2〜3個ずつ種類があるということを述べました（39ページ参照）。その2〜3個のうちのエネルギー消費の少ないものが選ばれます。

母音には「緊張型」と「弛緩型」がありました

たとえば日本語の「イ」にあたるものは、/i/と/ɪ/の2つがありましたが、緊張した音の前者より、弛緩した音である後者の方が発音がラクです。「ウ」にも/u/と/ʊ/の2つがありますが、これも緊張した前者より弛緩した後者の方がエネルギーを必要としません。「ア」には/ɑ/と/æ/と/ə/の3つがありますが、この中でもっとも発音がラクなのは/ə/です。

「弛緩型」がさらにシュワになっちゃう

ですから強勢のない音節の中にある「イ」「ウ」「ア」は、それぞれ弛緩した方の音が選ばれます。さらにそれらの弛緩した「イ」や「ウ」も/ə/になってしまうことが多くあります。この現象を「母音のリダクション（弱化）」と言います。

たとえば…

ビュー
タ
ファl

そこで、'beautiful' に話を戻しましょう。/bjúː・tɪ・fəl/の強勢のない/tɪ/の部分にも「母音のリダクション」が起こり、「ティ」が「/tə/タ」に変化します。そこで「ビュー・タ・ファl」という発音になります。

日本語に当てはめて、この現象について考えてみましょう。

日本語にはあるのか？

「アメ」という言葉には、「雨」と「飴」があります。発音はどう異なるかというと、「雨」は「**ア**メ」と「ア」の音程が高く、「メ」は低くなります。反対に「飴」は「ア**メ**」と「メ」の方の音程が高くなります。強弱で差異を示す英語と、高低をつけて差異を示す日本語は異なりますから、一概に比較することはできませんが、たとえば、日本語で「飴」の「ア」は強勢がないから、とか、音程が低くなるからと言って、その「ア」の音色まで変えてしまい、「ウ**メ**」とか「エ**メ**」と発音したりすることがあるでしょうか？　ありませんよね。そんなことをしたら、もう「飴」として認識されません。音程が低かろうと、強勢がなかろうと、日本語では母音がリダクション（弱化）することはありません。

ジャパニーズ・イングリッシュの原因はここにもあった

ですから日本語を母語としていると、英語の特徴である「母音のリダクション（弱化）」を行わないですませようとする傾向に陥りがちです。これもジャパニーズ・イングリッシュをつくってしまう原因になります。

だから 'enough' が「ァ**ナ**f」と聞こえる

さきほど例に挙げた 'enough' ですが、どのように発音するとよいのでしょうか？　辞書を引くと 'e・nough' と2音節です。発音記号を見ると/ɪ・nʌf/と第2音節に強勢があります。ということは「イ」は強勢のない音節ですから、少なくとも緊張型ではなく弛緩型の/ɪ/で発音すべきでしょうし、リダクション（弱化）させて/ə/にしてもよいのです。ですから「イ**ナ**f」よりは「ァ**ナ**f」の方が自然なのです。

リダクションを発音するには

'information' をどう発音しますか？　「インフォメーション」では典型的なジャパニーズ・イングリッシュの発音です。頭の中で以下のことを考えてから発音しましょう。

第3章　音変化はクセモノ!?

1. 何音節か確かめる。
2. どの音節に強勢があるか確かめる。
3. 強勢のない音節の母音を「弛緩型」かシュワにする。

'information' の場合、

in・for・má・tion

1. 4音節から成り、2. 'ma' の音節に強勢があり、3. 強勢のない音節の母音はシュワに近くなるので、結果として「インファ**メイ**シャン」のような発音になります。

やってみよう

◎ TRACK 49　　母音のリダクション

では、次の単語で練習してみましょう。

（1）mistake　（2）believe　（3）visit　（4）going　（5）question

解説：

母音のリダクションで「ミス→マs」になる

(1) mis・táke

　　［マs　テイk］

'mis・táke' と2音節で 'take' に強勢、'mis' には強勢がないので、「マsテイk」（「ミステイク」ではなく）となる。

母音のリダクションで「ビ→バ」になる

(2) be・líeve

　　［バ・リーv］

'be・líeve' と2音節で 'lieve' に強勢、'be' には強勢がないので、「バ・リーv」（「ビリーヴ」ではなく）となる。

　　　　　　　　母音のリダクションで「ズィ→ザ」になる
(3) ví・sit
　　　［ヴィ・ザッt］

'ví・sit' と2音節で 'vi' に強勢、'sit' には強勢がないので、「ヴィ・ザッt」（「ヴィズィット」ではなく）となる。

　　　　　　　　母音のリダクションで「イn→アn」になる
(4) gó・ing
　　　［ゴウ・アン］

'gó・ing' と2音節で 'go' に強勢、'ing' には強勢がないので、「ゴウ・アン」（「ゴウイング」ではなく）となる。

　　　　　　　　母音のリダクションで「チョン→チャn」になる
(5) qués・tion
　　　［kウェs・チャn］

'qués・tion' と2音節で 'ques' に強勢、'tion' には強勢がないので、「kウェs・チャn」（「クエスチョン」ではなく）となる。

'-tion/-sion' と '-ing' もリダクションでカッコ良く

私が学生の発音を聞いていて気になるのは、'-tion/-sion' で終わる名詞や '-ing' で終わる語です。'-tion/-sion' は「ション／チョン」と発音するよりは「シャン／チャン」と母音をリダクションさせた方が自然です。語尾の '-tion/-sion' には強勢がくることはありませんから。

'-ing' も会話の中で頻出の形ですが、「イング」と力んで発音するより「アン(g)」と軽く発音する方がよいでしょう。'-ing' にも強勢がくることはありませんから。

第3章 音変化はクセモノ!?

3章「音変化」のおさらい

3章では、Ⅰリエゾン、Ⅱフラップ/t/、Ⅲ母音のリダクションと見てきました。これにラッパ系の子音の中で、/p//b//t//d//k//g/が語尾にきた場合は、破裂させずに終わらせることがあることを述べました。3章のⅠ〜Ⅲにこの「消失する語尾の破裂音」を加えて4つの音変化をふまえて、以下の文を発音してみましょう。

やってみよう

TRACK 50　おさらい

(1)　Will you cut it out?
(2)　Take it easy.
(3)　Forget about it.
(4)　Anyone at all?
(5)　What are you talking about?
(6)　I read it in a book once.
(7)　I'm on it.
(8)　What's going on here?
(9)　First of all, you are wrong.
(10)　Get out of here.

発音のポイント

消失する語尾の破裂音

(1)　Will you cut it ou|t|?
　　　　　リエゾン＋フラップ
　　［ウィl ユー カリラゥ］

(2)　Take it easy.
　　　リエゾン＋フラップ
　　［ティキリージー］

(3)　Forget about it.
　　　　　　　　　　消失する語尾の破裂音
　　　母音の
　　　リダクション　　リエゾン＋フラップ
　　　［ファ**ゲ**ラバウ　リ］

(4)　Anyone at all?
　　　　　　　リエゾン＋フラップ
　　　［**エ**ニワン　ア**ロ**ー］

　　　　　　　母音のリダクション　　　　　消失する語尾の破裂音
(5)　What are you talking about?
　　　　　　リエゾン＋フラップ　　リエゾン
　　　［ワ　ラ　ユ　**トーカナ**　バウ］

(6)　I read it in a book once.
　　　　　リエゾン　リエゾン＋フラップ
　　　［アイ**レ**ディディンナ　**ブ**k ワンs］

　　　　　　　　　　消失する語尾の破裂音
(7)　I'm on it.
　　　　　リエゾン
　　　［アイ**マ**ニ］

　　　母音のリダクション
(8)　What's going on here?
　　　　　　　リエゾン
　　　［**ワッツ　ゴ**ウアン**ノン**　ヒア］

80

第3章　音変化はクセモノ!?

　　　　母音のリダクション
（9）　First **of** all, you are wrong.
　　　　　　└┘└┘
　　　　　　リエゾン
　　　［ファーSタボー］

　　　　　　　　　母音のリダクション
（10）Get out **of** here.
　　　　└┘└┘
　　　　リエゾン＋フラップ
　　　［ゲ**ラ**ゥラv　ヒア］

いかがですか？　こうしてみると、リエゾンとフラップ/t/のダブル音変化が非常に多いことに気付きますね。そして、英語は/t/で終わる単語が多いことにも気付きます。/t/はフラップしたり、語尾では消えたりと変幻自在です。発音ではこの/t/が要注意です。

「発展編」へ

文字で書くと 'Get out of' でも、発音になると「ゲット アウト オヴ」ではなく「ゲ**ラゥラ**v」になることがわかりました。書かれている通りに話される日本語に慣れた私たちにとって「書き言葉」と「発音」のギャップは、英語学習のつまずきの元になります。「基礎編」では①リエゾン、②フラップ/t/、③母音のリダクション、④消失する語尾の破裂音、の４つの音変化を知り、なぜ英語では書き言葉と発音の間に違いが出るのか、少しわかっていただけたと思います。

もう１つ、どうしても知っておかなくてはならないことがあります。少し長くなりますが、次の「発展編」へついてきてください。

Ⅰ 発展編

2種類の発音をもつ単語 〜強形と弱形〜

内容語と機能語

たとえば次のような文があります。
　「お父さんとお母さんが心配しています。すぐ帰りなさい」
この文の下線部分だけで文をつくると、
　「父母心配。すぐ帰れ」
と電報のような文になりますが、最低限の意味は伝わります。反対に、下線部分以外だけを集めてみると、
　「お、さんと、お、さんが、しています。りなさい」
と何が言いたいのかまったくわかりません。

下線を引いた単語は内容を伝えることのできる単語なので「内容語」と言い、それ以外の単語は内容を伝えることはできないけれど、文法的にちゃんとしたセンテンスをつくる上で必要なので「機能語」と言います。

「内容語」と「機能語」についてわかっていると、発音がグッと良くなるだけでなく、じつはリスニング力向上にも、速読の習得にも役に立つという、英語学習者にとって宝の山なのです。ですから読み飛ばさずについてきてください。

まずは「内容語」と「機能語」が見きわめられるようになろう

内容語なのか機能語なのかは品詞でわかります。前述の文を見てみると、「父、母」は名詞、「心配（する）、帰る」は動詞、「すぐ」は副詞です。ですから名詞、動詞、副詞は内容語だとわかります。では、以下に内容語に分類される品詞をまとめましょう。

> 「内容語」は次の8品詞
> 　①名詞、②動詞、③形容詞、④副詞、⑤指示代名詞、⑥所有代名詞、
> 　⑦疑問詞、⑧再帰代名詞

品詞はどうも苦手、という方のために少し説明をします。
①名詞：物や人、場所についた名前。book, Jane, Tokyo, love...
②動詞：動作や状態を表わす語。eat, know...
③形容詞：名詞を飾る語。pretty, green...
④副詞：動詞、形容詞、副詞を飾る語。again, mostly, very...
⑤指示代名詞：「あれ、これ」など指し示す語。this, that...
⑥所有代名詞：「〜のもの」を意味する語。ours, theirs...
⑦疑問詞：what, when, how...
⑧再帰代名詞：-selfで終わる語。myself, ourselves...

> **「機能語」は次の7品詞**
> ①人称代名詞（主格と目的格）、②人称代名詞（所有格）、③助動詞、
> ④前置詞、⑤冠詞、⑥接続詞、⑦関係代名詞

①人称代名詞（主格と目的格）：I, he, they などと me, him, them など。
②人称代名詞（所有格）：my, her, our など。
③助動詞：動詞の前に置かれる must, can などと do, have など。
④前置詞：名詞の前に置かれる in, of, about など。
⑤冠詞：a, an, the など。
⑥接続詞：and, but など。
⑦関係代名詞：who, that, which など。

「内容語」と「機能語」では扱いが違う

先ほどの「お父さんとお母さんが心配しています。すぐ帰りなさい」という文ですが、相手に伝わるように感情を込めて話そうと思うと、自然に下線の語が強調されるはずです。その反対はありえません。

つまり、「内容語」は**大きく**・はっきり・**長く**発音され、「機能語」はその反対に小さく・速く・短く話されます。日本語より英語において、この傾向は顕著になります。なぜそうなるかはリズムの章（105ページ参照）で説明します。

では、音変化が起きるのは「内容語」でしょうか、「機能語」でしょうか。答えは「機能語」です。小さく・速く・短く発音するためには音を縮小させる必要があります。つまり「リダクション（縮小、変化）」が起きるのです。

前章で「母音のリダクション」について説明しました。「リダクション」とは狭義でいう場合は母音のリダクションを指しますが、広義には母音だけではなく子音で起きる「音の縮小」も「リダクション」と称することがあります。

上下関係が厳しいのです

前章で、単語内を竹のフシにたとえ、強勢のあるフシは、強勢のないフシの栄養を吸い取って太っていると言いました。センテンス・レベルになっても、単語と単語の間には太った単語と痩せた単語が存在します。「機能語」がつまり「痩せた単語」です。

'him' の発音は「アム」!?

たとえば「機能語」の中の①人称代名詞（目的格）'him' を、私たちは学校で「ヒム」と教えられます。しかし、実際の会話の中では「ヒム」と発音されるより、「アm」と発音される方が多いのです。どうしてそうなるか、というと、

　　　　母音のリダクション 「イ」から/ə/へ

h i m

　　語頭の/h/が脱落

その結果、/əm/となります。つまり 'I am' の 'am' と同じような発音になってしまうのです。

「機能語」の宿命、それは弱形化

「ヒム」と発音するより「アm」の方がエネルギーを節約できて、小さく・速く・短く発音することができます。このように、「機能語」は小さく・速く・短く発音するという運命のためにスリム化される、つまり「リダクション」を起こします。このような「スリム化された」音を「弱形」と言います。もちろん「機

能語」だって強調して話したいときもありますから、「ヒm」という発音もアリです。このような強くてハッキリした発音を「強形」と言います。

一般の英和辞典を引くと、強形と弱形の両方の発音が載っていますから、試しに見てください。

強形と弱形は
一般の英和辞典にも
載っています。

弱形化のルール

実際の会話では弱形の方が必要なのに、日本の英語教育では強形のみを教えます。強形は十分過ぎるほど身についているので、今さら触れません。ここでは、じつは重要な弱形を覚えましょう。といっても「機能語」の弱形を全部覚えるのはシンドイので、ここでお得なルールを教えましょう。

> **これはお得なルールだ**
>
> ルール1：母音をシュワにする（二重母音は除外）⇦母音のリダクション
> ルール2：語頭の/h/音とth音を脱落させる

①人称代名詞（主格と目的格）、②人称代名詞（所有格）の弱形（weak form）

たとえば 'he' はどうなるでしょう？　語頭に/h/があるので、ルール2に従い取ります。すると「ヒー」から「イー」になります。これが 'he' の弱形です。

'he' を「イー」と発音しているのなんて聞いたことがない、ですって？　たとえば "He is Japanese." を「イーイz....」と言っているのを聞いたことはないとは思います。それは文頭に来る場合は、機能語でも弱形化せず強形で発音するからです。しかし、文中などではよくあります。

たとえば "When he was a child, ... " などと言うとき、「ウェン　ヒー」ではなく「ウェニー」と発音されることが多いのです。これは、

```
         語頭の/h/が脱落
            ↓
When  h e
     └─┬─┘
  リエゾンして「ニー」という音になる。
```

結果、「ウェニー」になります。

では、ルール2の「語頭のth音を脱落させる」例を見てみましょう。

"Did you bring them?" の下線部の発音はどうなるでしょうか？

```
 語頭のth音が脱落   母音のリダクション
        ↓              ↓
bring  th e m
    └─┬─┘
    リエゾン
  [ブリンガm]
```

'them' は弱形になると「アm」になります。アレ？ 確か 'him' も弱形が「アm」でしたよね。極端に言えば弱形では、'them' も 'him' も同じ発音になるのです。区別がつかなくなってもよいの？ 大丈夫です。前後の文脈というものがありますから。

主語だからって強形だとは限らない

ところで、「主格の人称代名詞」が弱く発音される機能語に分類されているというのは意外ではないですか？ 'I' だの 'you' だの主語になる言葉は大事だから強く発音すると思いきや、違うのです。日本人学習者が話す英語を観察していると、「アイ、アムー、えーっと」といった具合に「アイ」とか「ユー」などの主語をまず声高に発音し、だんだん声が小さくなり、語尾などはほとんど消え入りそうに小さくなっています。

今こそ役に立つ 'I, my, me, mine'

しかし、英語はよほど「私が──」と主語を強調したいとき以外は、主語の人称代名詞を強く発音しません。また「目的格の人称代名詞」も同じように、基本的に弱形で発音すべき機能語であることも忘れてはいけません。

誰でも 'I, my, me, mine, you, your, you, yours' とわけもわからずお経のように暗記させられましたね。1列目が「主格の人称代名詞」、2列目が「所有格の人称代名詞」、3列目にくるものが「目的格の人称代名詞」です。

先ほどの「内容語」と「機能語」の一覧表を見てください。なんと、人称代名詞の中で独立所有格の人称代名詞（「～のもの」）だけは「内容語」に分類されています。独立所有格は基本的に強形で発音してよいということです。

簡単にいうと、'I, my, me, mine' の表で、1、2、3列目（主格、所有格、目的格）は基本的に弱形で、4列目（独立所有格）のみ強形で発音してよい、ということです。

格	単数				複数			
	主格	所有格	目的格	独立所有格	主格	所有格	目的格	独立所有格
1人称	I	my	me	mine	we	our	us	ours
2人称	**you**	your	**you**	yours	**you**	your	**you**	yours
3人称	**he** **she** it	**his** **her** its	**him** **her** it	his hers its	**they**	**their**	**them**	theirs

　　　　　　　　　　弱形　　　　　　強形　　　　　　　弱形　　　　　　強形

弱く発音されるべき人称代名詞の中でも、特に音変化させて発音するものを上記の表の中の青字で示してみました。それらの発音を身につけましょう。

'you' の弱形

you
→「ウー」という母音がリダクションを起こし /ə/ になる。
結果、'you' の発音は「ヤ /jə/」になります。

（例）　What are you doing?
　　　　　└┘　　ヤ　　　↓
　　　リエゾン+フラップ　　母音のリダクション
　　　　　［ワ　ダ　ヤ　**ドゥー**ァン］

'he, his, him' の弱形

'he' はルール2に則って語頭の/h/を省き、「イー」となります。
'his' はルール1と2の両方に則り、語頭の/h/を省き、さらに母音がリダクションを起こし、結果は「イzあるいはアz」になります。
'him' も同じで「イmあるいはアm」になります。

'her, her' の弱形

'her' も語頭の/h/を省き、「アー」になります。

'they, their, them' の弱形

語頭の 'th' が省かれ（ルール2）、母音のリダクションが起きて（ルール1）、それぞれ「エイ」「エア」「エm／アm」となります。

やってみよう

TRACK 51　人称代名詞の弱形

まとめ：①人称代名詞（主格と目的格）、②人称代名詞（所有格）の発音

英語	発音	
you	ヤ	
he	イー	
his	イz	アz
him	イm	アm
her	アー	
they	エイ	
their	エア	
them	エm	アm

やってみよう

◎TRACK 52　人称代名詞の弱形＋リエゾン

次の文を機能語の弱形に気をつけて発音してみましょう。弱形に変化したため、さらなる音変化を招きますので十分ご注意を。

(1) When he was young, ...
(2) Did her parents visit his folks?
(3) That's what he wants.
(4) Tell them.
(5) Let me know when they come.

解説：

(1)　When ⃞h⃞e was young, ...
　　　　　　語頭の/h/を省く
　　　リエゾン
　　［ウェニー　ワz ヤンg］

(2)　Did ⃞h⃞er parents visit ⃞h⃞is folks?
　　　　　　語頭の/h/を省く
　　　リエゾン　　　　　　リエゾン＋フラップ
　　［ディダー ペアレンts ヴィズィディz フォウks］

(3)　That's what ⃞h⃞e wants.
　　　　　　　　語頭の/h/を省く
　　　　　　　リエゾン＋フラップ
　　［ザッts　ワリーウォンts］

(4)　Tell ⃞th⃞em.
　　　　　語頭のthを省く
　　　リエゾン　母音のリダクション
　　［テラm］

(5) Let me know when th|ey come.
　　　　　　　　　語頭のthを省く
　　　　　　　　　　　　リエゾン
　　［レミ　ノウ　ウェ　ネイ　カm］

③助動詞の弱形

助動詞の中でも特に発音やリスニングで重要な役割を果たすのは、'have' です。もちろん、'has' 'had' も含みます。「持っている」などの意味の動詞としての 'have' ではなく、現在完了形（have＋過去分詞）や過去完了形（had＋過去分詞）をかたちづくるときに用いられる助動詞としての 'have' です。

弱形の音のポイントは、やはり①母音のリダクションと②語頭の/h/の脱落です。

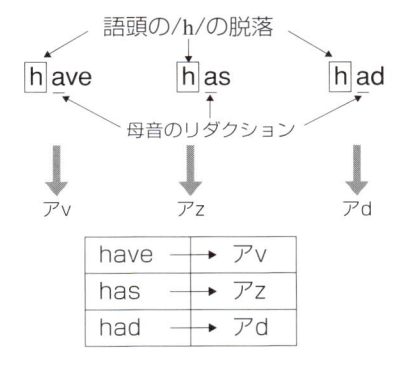

　　　　　語頭の/h/の脱落
　　|h|ave　　|h|as　　|h|ad
　　　　　母音のリダクション
　　　↓　　　　↓　　　　↓
　　　アv　　　アz　　　アd

have	→	アv
has	→	アz
had	→	アd

この弱形も前後の単語とブレンドされて音変化が起きます。リエゾンやフラップに慣れてきた方は、どのような音変化が起きるか予測が立つようになったのではないでしょうか。では、次の文の 'have' を弱形化させ、さらに周りの単語と音変化させて発音してみましょう。

やってみよう

TRACK 53　'have' の弱形＋リエゾン

(1) I wouldn't have learned it.
(2) What have you got?
(3) He has fallen in love with her.
(4) Why haven't you said so?

解説：

助動詞 'have' 語頭の /h/ の消失　　消失する語尾の破裂音

(1) I wouldn'|t| |h|ave learned i|t|.
　　　　　　リエゾン　　　　リエゾン

　　［アイウ・ン　ナv　ラーン ディ］

助動詞 'have' 語頭の /h/ の消失　　消失する語尾の破裂音

(2) What |h|ave you go|t|?
　　　　リエゾン＋フラップ

　　［ワ　ラ　v　ヤ　ガッ］

　　助動詞 'have' 語頭の /h/ の消失　　人称代名詞語頭の /h/ の消失

(3) He |h|as fallen in love with |h|er.
　　　　　リエゾン　　　　　リエゾン

　　［ヒーアz　フォーランニn ラv ウィザー］

　　助動詞 'have' 語頭の /h/ の消失

(4) Why |h|aven't you sai|d| so?
　　　　　　リエゾン　　　　　消失する語尾の破裂音

　　［ホワイ　アヴンチュ　セ　ソウ］

＊たとえ助動詞でも文末にきた場合は、強形で発音します。

④前置詞の弱形　～これだけ覚えていれば大丈夫～

たくさんある前置詞の中で、ぜひ弱形を覚えていただきたいのは、'to', 'of', 'for', 'from' の4つです。日本の英語教育が強形ばかりを教えるので、この4つをそれぞれ「トゥー」「オヴ」「フォー」「フロム」だと思い込んでいるばかりに大損をしている日本人学習者のなんと多いことか！

'to' の弱形

```
 t  o
```
フラップ　　「ウー」から「ア」に（母音のリダクション）
　　　　　　「タ」あるいは「ダ」

'to' の母音「ウー」がリダクションを起こして「ア」に、さらに弱化するとフラップも起こして「ダ」になります。この音変化は前置詞 'to' だけではなく、不定詞の 'to' も同様です。

例：　I gotta go to New York.
　　　［アィ　ガラ　ゴゥ ラ　ニューヨーk］

やってみよう

TRACK 54　'to' の弱形

では 'to' の弱形に注意して発音してみましょう。

(1) We were supposed to meet here.
(2) I go to the office at nine.
(3) I'd like to talk to you.

解説：

消失する語尾の破裂音

（1） We were supposed to mee|t| here.

［ウィーワー サポウz　タ ミー　ヒア］

消失する語尾の破裂音

（2） I go to the office a|t| nine.

［アィゴゥ ラ ディ オフィs ア ナィn］

（3） I'd like to talk to you.

［アィdラィk タ トーk タ ユ］

'of' の弱形

'of' の弱形は「アv（/əv/）」になるか「ア（/ə/）」になります。

> 'of' の弱形
> ①直後に母音がくるときは→「アv（/əv/）」
> ②直後に子音がくるときは→「ア（/ə/）」
>
> まとめ：①アv＋母音　　②ア＋子音
> 　　　　　子音　　　　　　母音
>
> ＊母音の前は子音、子音の前は母音になるように、と考えればよいわけです。

例：

'of' の直後は 'us' という母音なので「アv」（/əv/）になる

① most of us
　　 リエゾン

［モウスタ　ヴァス］

第3章　音変化はクセモノ!?

② some of them
　　'of' の直後は 'th' という子音なので「ア」（/ə/）になる
　　リエゾン
　　[サマ　ゼm]

'of' は 'out of ...' の形で 'out' とともに使われることが多く、'outta' と一文字で書かれるほどですので、ぜひマスターしたいものです。

out of = outtaの発音［アウラ］

out of
　　ア
リエゾン＋フラップ
［アウラ］

やってみよう

🎧 TRACK 55　　'of' の弱形

では 'of' の弱形に注意して発音してみましょう。

(1) A cup of coffee, please.
(2) He was out of money.
(3) I like it best of all.

解説：

（1）　A cup of coffee, please.
　　　　　　リエゾン
　　　［ア　カパ　カフィ　pリーz］

（2）　He was out of money.
　　　　　　　outta
　　　［ヒー　ワz　アウラ　マニー］

　　　　　　　　消失する語尾の破裂音
(3) I like i‿t best of all.
　　　　リエゾン　　リエゾン
　　　［アィラィキ　ベsタ ヴォーl］

'for' の弱形

「フォア/fɔər/」だとばかり思っていると危険です。ほとんどの場合が「ファ/fə/」です。聞こえるか聞こえないかぐらいに、かるーく、「ファ」と言うのがコツです。

やってみよう

TRACK 56　'for' の弱形

では弱形の 'for' に気をつけて発音してみましょう。

(1) What are you looking for?
(2) This is for you.
(3) She didn't work for a long time.

解説：

(1) What are you looking for?
　　　　　　　　　　⌣
　　　リエゾン＋フラップ
　　　［ワダ　ユ　ルキn　ファ］

(2) This is for you.
　　　［ディs イzファ ユ］

第3章 音変化はクセモノ!?

消失する語尾の破裂音

(3) She didn'|t| wor|k| for a long time.
　　［シー ディdn　ワー ファ ア ロン タィm］

'from' の弱形

「フロム」とはっきり発音せずに、「fラm」と発音しましょう。素早く「ファm」と発音するのがコツです。

やってみよう

TRACK 57　　'from' の弱形

では弱形の 'from' に気をつけて発音してみましょう。

(1) I went from Nagoya to Kyoto.
(2) I'm from Aomori.
(3) From now on, we will open at nine.

解説：

　　　　　消失する語尾の破裂音

(1)　I wen|t| from Nagoya to Kyoto.
　　［アィウェンファm ナゴヤ タ キョウト］

(2)　I'm from Aomori.
　　［アィmファm アオモリ］

　　　　　　　　消失する語尾の破裂音

(3)　From now on, we will open a|t| nine.
　　［ファm ナウ　オn ウィウィl オゥpナ ナィn］

⑤冠詞、⑥接続詞の弱形

いよいよ弱形もこれで最後です。'a' 'an' 'the' などの冠詞は元々これ以上スリム化できないような小さい単語ですから、とにかく軽く、短く発音してください。接続詞には気をつけたい単語が2つ（'and' と 'or'）ありますので、それだけ練習しましょう。

'and' と 'or' を「アンド」「オア」と発音していませんか？　それは強形で、あまり使うことのない発音です。

'and' は語尾 'd' が破裂音ですから発音しないことと、語頭の「ア」はシュワですから、口をあまり開けずにかるーく「アn」と発音しましょう。

'or' は「オア」と発音すると「さもなければ！」「どっちなんだ！」といった強い意味にとられます。弱形では「アー/ər/」です。シュワですから、これも口をあまり開けずに、だるそうに「アー」です。

やってみよう

TRACK 58　'and' と 'or' の弱形

では弱形に気をつけて発音してみましょう。

(1) black and white
(2) tea or coffee
(3) life and death
(4) cash or charge

解説：

　　　　　　　消失する語尾の破裂音
（1）　black an|d| whi|t|e
　　　　　　└─┘
　　　　　リエゾン
　　　　［bラ カン　　ホワィ］

（2）　tea or coffee
　　　［ティーアー　カフィー］

　　　　　　　消失する語尾の破裂音
（3）　life an|d| death
　　　　　└─┘
　　　　リエゾン
　　　　［ライファn　デθ］

（4）　cash or charge
　　　　　└─┘
　　　　リエゾン
　　　　［キャシャーチャーdʒ］

II 発展編
日常会話に欠かせない語

❶「2個で1個」の音 ～ gonna, wanna, gotta, hafta～

'out of' が 'outta' と1語になって会話でよく使われるように、'gonna'、'wanna'、'gotta'、'hafta' などもとてもよく使われます。どれも元々2語だったものが音変化をして1語のように発音されています。

'gonna' の発音

'be going to～' は「～するつもりだ、～するところだ」を意味しますが、話し言葉では 'going to' の部分が1語になり 'gonna' として使われることが多いです。

'gonna' の発音は大きく分けて「ガナ」あるいは「ゴウナ」ですが、人により、また状況によりさまざまな発音があります。'going to' の 'to' をフラップさせて「ゴウアン ダ」や「ゴウアンヌ」のような発音もありますし、「ガナ」をさらに省略して「グn」のような発音もあります。

慣れない人は 'going to' を少しリダクションを起こした「**ゴウ**アン ダ」くらいでよいでしょう。しかし、くれぐれも強勢のない「アン ダ」の部分は弱く・小さく発音してください。

少し発音に自信のある人は「ガナ」にチャレンジ。/gənə/の母音はシュワですから、あごを下げ過ぎないようにしてください。「グヌ」のような音に聞こえるようにしましょう。

第3章 音変化はクセモノ!?

やってみよう

TRACK 59 'gonna'

いろいろな 'going to' があります。
① going to「ゴウアン ダ」
② going to「ゴウアンヌ」
③ gonna「ゴウナ」
④ gonna「ガナ」
⑤ gonna「グn」

(1) I thought you weren't <u>gonna</u> come.
(2) I'm <u>gonna</u> cut your hair today.
(3) You're <u>gonna</u> be Okay.

'wanna' の発音

「want to〜（〜したい）」が１語になって 'wanna'「ワナ」になりました。発音は /wánə/ で、「ワ」の部分の母音 /ɑ/ はあごを下げて発音する「ア」です。

やってみよう

TRACK 60 'wanna'

'wanna' に気をつけて発音してみましょう。
(1) Does that make you <u>wanna</u> tell me something?
(2) What do you <u>wanna</u> do?
(3) I <u>wanna</u> be cool.

'gotta' の発音

'have got to' の 'got to' の部分が音変化して 'gotta' になりました。「(have) gotta〜」の意味は「〜しなくてはならない／〜にちがいない」です。

発音：

```
        フラップ
go |tt| a
```
［ガラ／ガダ］

🎧 TRACK 61　'gotta'

'gotta' に気をつけて発音してみましょう。
(1) I **gotta** go.
(2) I **gotta** tell you something.
(3) You **gotta** give it a try.

'hafta' の発音

発音上、「have to〜（〜しなくてはならない）」は1語になって 'hafta' に、'has to' は1語になって 'hasta' になります。'hafta/hasta' という表記は発音を忠実に表わしたものですが、英和辞典などにはあまり載っていません。

🎧 TRACK 62　'hafta' と 'hasta'

'hafta/hasta' に気をつけて発音してみましょう。
(1) I **hafta** go find something else.
(2) He **hasta** leave soon.
(3) This **hasta** be the best movie of the year.

第3章　音変化はクセモノ!?

❷ /tn/と/dn/は笑っちゃう音

これが言語音？

英語には '-tn-' や '-dn-' という音の並びがよくあります。あなたならどうやって発音しますか。単語でいうと 'cotton' /kátn/の下線部の音などがそうです。「コットン」？「コットゥン」？

「コットゥン」ならまだ見込みがありますが、「コットン」ではほとんど通じません。どうやって発音するのでしょうか？

授業でこの音をやって見せると、学生にバカ受けします。日本語にはない音なので、まずこれが言語音なのか、と驚くのと、音そのものが学生いわく「ウケる！」のだそうです。

この音の発音法を言葉で教えることにいつも頭を悩ませている私ですが、以下の手順でやってみてください。

①舌は/t/と同じ位置に、つまり舌先を図1の矢印の先につけます。

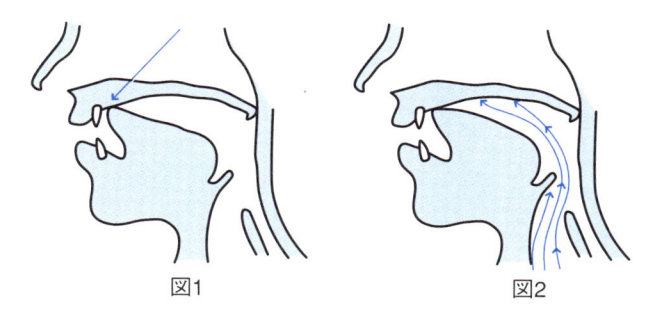

図1　　　図2

②図2のように肺から空気を送り、外に出ないように舌全体で受け止めるようにせき止めます。（ここまでは／t／の発音と同じ）

③舌先は矢印のところにつけたまま、行き場のなくなった空気を鼻から抜くと同

時に「ン」と言います（/t/の口がまえを維持したまま/n/を発音）。

どうですか？　できましたか？　学生は大抵すぐにはできずにヘコみます。そんな場合の次なる手段はこうです。

「水の入ったコップを持っていると想像して、それをゴクゴクのどを鳴らして飲む真似をしてごらん」というと、これでコツを会得する学生もいます。それよりもよい方法はネイティブの発音を繰り返し聞いて、耳から覚えることです。本当にゴクリと飲み込むわけではないのですが、ものを飲み込むときにのど仏のあたりが上がったり下がったりする様子が似ていることから、この音を通称「飲み込む音」と言います。

たとえば、アメリカの元大統領のクリントン（Clinton）氏も「トン」の部分がこの「飲み込む音」です。「クリントン」では通じず、「クリン・ン」です。

やってみよう

◎ TRACK 63　　/tn/ と /dn/ の飲み込む音

下線部が飲み込む音です。語尾の消失する破裂音にも注意してください。

(1) impor<u>t</u>an<u>t</u>
(2) eate<u>n</u>
(3) su<u>dd</u>en
(4) bu<u>tt</u>on
(5) stude<u>n</u>t
(6) di<u>dn</u>'t
(7) coul<u>dn</u>'t
(8) shoul<u>dn</u>'t
(9) woul<u>dn</u>'t
(10) Clin<u>t</u>on

第4章

英語のビートに切り替えよう
～リズム～

これまでの章では単語レベルの発音を見てきました。ここからはセンテンス・レベルの発音です。

英語はどうしてそんなに音変化するの？

ここまで説明してきた単語の発音についてまとめるなら、「英語は日本語と異なり、音変化が激しい」ということではないでしょうか。母音のリダクション、フラップ化する/t/、リエゾン、消失する語尾の破裂音、機能語の弱形化など、どれも文字として書かれているままに発音するのではありません。書かれている通りに発音する日本語を使い慣れている私たちにとって、英語の激しい音変化は混乱の元です。

答えは省エネ

なぜ、英語はそんなに音変化をするのでしょう。リダクション、フラップ、消失する音、弱形化。これらすべてに共通することがあります。それは「経済性」です。簡単に言うと「省エネ」ですね。

母音のリダクションは、強勢のない音節の母音を弛緩型の母音かシュワ（/ə/）に変えることですが、シュワとは口腔内の構造がもっともニュートラルな状態で発音がラクだからこそ起きる現象と言えます。

フラップ化する/t/ですが、タ行であるはずの/t/音が「ダ行」あるいは「ラ行」のような音になるというのはなぜでしょう。パソコンの音楽作成用のソフトなどでは、入力した音を波形で示すことができますね。試しに/t/と自分で発音して録音してみてください。できた波形の始めの音の立ち上がりのあたりをカーソルで1センチくらい選択してカットして再生してみましょう。アラ不思議、/d/のように聞こえるではありませんか。つまり無声音である/t/の立ち上がりの息の部分がなくなると、有声音になるのです。フラップ化という現象も、省エネの結果生まれるわけです。

弱形化した機能語というのは、語頭の/h/音や 'th' が脱落したり、母音がリダクションを起こしてできたもので、これも省エネの産物でした。

第4章 英語のビートに切り替えよう ～リズム～

ラクしたいのは万国共通

私たちがふだん日本語で会話をしていても、少しでもラクな発音をしようとしませんか。英語の音変化とは質が異なりますが、学生たちが学食で話しているのを聞いていると、こんなことを言っています。「っつーか、ぶっちゃけ、アヤのカレシ、まじキモイ」。これを省エネせずに言ったなら、「と言うか、打ち明けた話をすると、アヤの彼氏はとても気持ちが悪い」というところでしょうか。

でも、ラクしたいからだけじゃありません

ただし、英語の省エネは、ただラクをしたいというだけではなく、もう1つ重大な目的があります。それは「リズム」です。

英語の音に対してどんなイメージをもっているか、と毎年入学したての1年生に聞いてみます。すると、「速い、リズミカルだ、流れるようだ」といった感想が聞かれます。「リズミカル」という英語の特徴はどこからくるのでしょう。

たとえば、次のセンテンスをジャパニーズ・イングリッシュで発音するのと、ネイティブ・スピーカーが発音するのでは大変異なります。お手本を聞いてみましょう。

やってみよう

TRACK 64 　リズム

(1) It's a pleasure to have you here this evening.
(2) Can I get you a cocktail or some champagne?

単語の中のヒエラルキー

前章で見た「音のフシ」について、もう一度思い出してください。母音がまわりに子音を従えて1つのフシをつくり、単語はそのフシが集まってできているのでしたね。単語の中には1つだけ太ったフシがあり、そのフシだけ強く・長く・ゆっくり発音され、他のフシは弱く・短く・速く発音されるのでした。単語という小さな世界に、ヒエラルキーがありました。

センテンスの中にもヒエラルキー

ヒエラルキーを抱えた単語が集まってセンテンスができます。その集まった単語の間にも、太った単語と痩せた単語のヒエラルキーがあるのです。

さて、ここからは、あなたの英語をどうやって英語のリズムに乗せるかを説明します。とても簡単です。前章で「内容語」と「機能語」について説明しました。基本的に、太った単語とは「内容語」のことで、痩せた単語は「機能語」のことです。まず、次の基本ルールを覚えてください。

リズムのつくり方、教えます

> **ルール**
> 「内容語」を強く、「機能語」を弱く発音する。

このルールに従って、さきほどのセンテンスを「内容語」と「機能語」に分けましょう。

(1) 内容語と機能語に分ける

It's a |pleasure| to |have| you |here| this |evening|.
Can I |get| you a |cocktail| or some |champagne|?

囲み文字が「内容語」です。しかし内容語全体を強く発音するのではなく、内容語の中の強勢のある音節のみを強く発音しますので、(2)のようになります。

（2）強勢のある音節をチェック

It's a |plea|・sure to |have| you |here| this |eve|・ning.
Can I |get| you a |cock|・tail or some cham・|pagne|?

黒い囲み文字になっている音節が強く発音すべき部分です。その部分に強拍であるマーク（➘）、左上から右下への矢印をつけてみます。

（3）強拍をつくろう

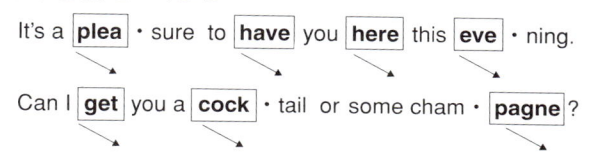

It's a |plea|・sure to |have| you |here| this |eve|・ning.
　　　　 ↘　　　　　　 ↘　　　 ↘　　　 ↘

Can I |get| you a |cock|・tail or some cham・|pagne|?
　　　 ↘　　　　　 ↘　　　　　　　　　　 ↘

次に弱拍を左下から右上への矢印（➚）で示してみましょう。

（4）弱拍をつくろう

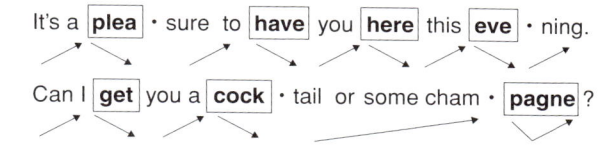

It's a |plea|・sure to |have| you |here| this |eve|・ning.
↗　　　 ↘　↗　　　　 ↘↗　　 ↘↗　　 ↘

Can I |get| you a |cock|・tail or some cham・|pagne|?
↗　　 ↘　↗　　　 ↘　　　　　　　　　　 ↗↘

強拍（➘）の場合、矢印1つの間に1音節が入っています。しかし、強拍と強拍の間を埋める弱拍は、常に1音節とは限りません。'It's a' や 'Can I' のように2音節のところもあれば、'・tail or some cham・' のように4音節のところもあります。

4音節を発音する方が、1音節を発音するより4倍時間がかかるはずです。しかし英語では、弱拍に入った音節の数が多いからといって、発音に長い時間をかけません。リズムを崩さないためです。上記では、'・tail or some cham・' の発音が他の弱拍より時間がかかり矢印が長くなっています。これではリズムが崩れます。

リズムを一定に保つため強拍（ ）と次に現れる強拍（ ）の時間的間隔はほぼ等しくなります。つまり間に挟まる弱拍の所要時間も一定に保たれます。ですから4音節が弱拍に入る場合、1音節の4倍の時間をかけるのではなく、4倍のスピードで発音し、等間隔を守るのです。

（5）等間隔にリズムを刻もう

It's a **plea**・sure to **have** you **here** this **eve**・ning.

Can I **get** you a **cock**・tail or some cham・**pagne**?

弱く・速く発音することにより等間隔のリズムを守る。

「機能語」には強形と弱形がある理由が、ここで判明するのです。「内容語」を際立たせるために、弱拍に入る「機能語」は弱く・速く発音して省エネしないと、決まった時間内に収まらないのです（しかし、文脈によっては「機能語」を強調する必要があり、「機能語」を強拍に入れて強形で使用することもありますのでご注意ください）。

（6）強弱のリズムに乗せて発音しよう

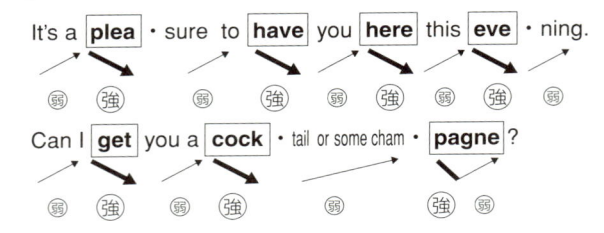

It's a **plea**・sure to **have** you **here** this **eve**・ning.
弱　強　　弱　　　弱　強　弱　強　弱　強　弱

Can I **get** you a **cock**・tail or some cham・**pagne**?
弱　強　弱　　弱　強　　　　　　　　　　強　弱

強 の部分で手をたたくなり、足でリズムを取る、あるいは首を前後に振るなどすると、自然と体が前のめりになり強く発音できます。弱 の部分では、速く発音しなくては、と思うと不思議と滑舌がよくなってしまいますが、逆です。リダクションを使って「省エネ」で速度を上げましょう。

第4章 英語のビートに切り替えよう ～リズム～

やってみよう

では、以下の英文を英語のリズムで発音しましょう。
①内容語を四角で囲み、②それぞれの内容語の強勢のある音節に印（´）を
つけ、③それ以外の音節を弱拍に入れ、④手で拍子を取りながら発音します。

TRACK 65 　強弱リズム

(1) I tried to call you a bunch of times.
(2) Ladies and gentlemen, this is the captain speaking.
(3) I found this in your office today.

解説：

(1) I tríed to cáll you a búnch of tímes.

弱 強 弱 強 弱 強 弱 強 弱

弱拍の機能語 'to', 'you', 'of' を弱形で発音しましょう。

(2) Lá・dies and gén・tle・men, thís is the cáp・tain spéak・ing.

強 弱 強 弱 強 弱 強 弱 強 弱

弱拍の機能語 'and', '-ing' を弱形で発音しましょう。

(3) I fóund this in your óf・fice to・day.

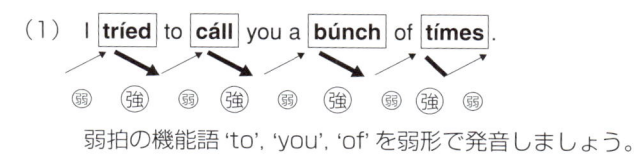

弱 強 弱 強 弱 強 弱

最後の 'office today' の部分だけ見てみると、

of・fice to・day
「ア」「フィsタ」「ディ」

強 弱 強 弱

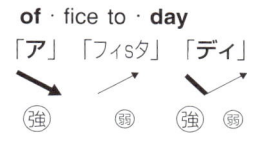

'to・day' で1つの単語ですが、強勢のない音節 'to' は1つ前の弱拍の中に入ってしまいます。'of・fice' の「フィs」と 'to・day' の「タ（'to' の弱形）」で弱

111

拍を構成することになり、「**ア**・フィsタ・**ディ**」と発音されます。その結果、「デイ」ばかりがはっきり聞こえ、'day' なのかと思ってしまいます。

単語の境界線より「リズム」命！

このように、強勢のない音節で始まる単語は、冒頭の音節が１つ前の弱拍に入ってしまいます。たとえば、"That's enough." の 'e・nóugh' は最初の音節には強勢がないので、１つ前の「ツ」と 'enough' の「ア」がくっつき、「ザッツァ・**ナ**f」となり、「ナf」って何？ そんな単語聞いたことない、ということになってしまいます。

リズムを守るためだったら、英語は単語を分割することも厭(いと)わないのです。そんなにリズムが大事？ と言いたくなります。

強弱リズムに乗せちゃえば、案外通じます

発音のたびに、どの単語が「内容語」で、どれが「機能語」か識別しなくてはならないのは面倒ですね。ところで、ある実験でネイティブの発音をコンピュータ上で平たんなリズムに変換したものと、日本人の発音を強弱リズムに変換したものを用意しました。それをネイティブ・スピーカーに聞かせた場合、どちらが内容を理解してもらえたと思いますか。結果は後者の、日本人発音を強弱リズムに乗せたものでした。

つまり、たとえ発音に少々難ありでも、強弱リズムに乗せて発音するだけで、ぐっと伝わる英語になるのです。ですから、強弱リズムは私たちが思う以上に、重要なものなので、「内容語」と「機能語」の識別が面倒でもやめられません。識別も慣れてしまえば何でもなくなります。

多聴が大切

強弱リズムを身に付ける良い方法があります。それはリスニングです。「な〜んだ、そんなことか、もっとイイこと言うかと思った」とがっかりしないでください。英語を母国語とする人たちは、いちいち「内容語」と「機能語」の識別など

第4章 英語のビートに切り替えよう　～リズム～

せずに強弱リズムを自然に身に付けています。それは小さいときから強弱リズムを聞き、それを真似してきたせいで、彼らは理屈など知りません。「多聴」することで体がリズムを覚え、強弱リズムを習得するのです。遠回りのようですが、最短の英語習得方法は、やはり「多聴」「多読」なんですね。

第5章

イントネーションを
マスターしよう

音程をつけたらできあがり！

さて、強勢のある音節と、強勢のない音節が織り成す英語のリズムについてはガッテンしていただけたでしょうか。音楽はリズム、メロディー、ハーモニーで成り立っていますが、英語もリズムだけではなく、少々メロディーが必要です。音楽の音階のように絶対的なものではなく、幅も狭いですが、英語にも音程があります。つまり音の高低（ピッチ）と言います。強弱のビートがつくれるようになったら、今度はそれに音程をプラスしてみましょう。

英語には大きくわけて4つのピッチがあります。

```
4 ─────────────── very high
3 ─────────────── high
2 ─────────────── normal
1 ─────────────── low
```

発音を始める高さが「2」です。個人個人で違って当然です。このレベル2を基準に他の3つのピッチが決まります。レベル2より低いレベル1は、平叙文などの発話が終了するときに使われます。レベル3は、もっとも大切な情報を発話するときなどに使われ、レベル4は驚きや対比などの際に使われる高さです。

パターンがあるから助かります

ネイティブ・スピーカーはこの4つの音程をフルに使います。彼らの話す英語はアップダウンが激しく、時に大げさに聞こえるのは、そのせいかもしれません。この4つのピッチを上がったり下がったりすることでイントネーションが形づくられますが、大切なのはパターンがあるということです。このパターンを無視して日本語を話すようにイントネーションをつけるとおかしなことになってしまいます。以下の2つの代表的なピッチパターンを身に付けることが大切です。

2つの基本パターンを覚えましょう

① 2-3-1（2から始まり、発話のフォーカスで3に上げ、終了時に1に落とす）
② 2-3（2から始まり、発話のフォーカスで3に上げたまま最後まで3を保つ）

第5章 イントネーションをマスターしよう

① 2-3-1のピッチパターン

```
4 ─────────────────────────────────
3 ─────────── cof ─────────────────
2 ─── I don't like ────────────────
1 ─────────────────── fee. ────────
```

基本的に2-3-1のパターンで話すのは、以下の3つです。

1. 平叙文　2. 命令文　3. Wh-で始まる疑問文

問題は、いつレベル3に上げ、いつレベル1に落とすのかということです。簡単です。ここでも音節の考え方と、「内容語」と「機能語」が関係してきます。

まず、文中の最後の内容語を見つけてください。その単語の強勢のある音節で、レベル3に上げます。レベル3で発音するのは、そのたったの1音節で、次の音節は即座にレベル1に落とし、そのレベル1のまま終了します。

たとえば、"Be careful." は命令文なので2-3-1のピッチパターンですが、どうなるでしょうか。

最後の内容語は 'cáre・ful' で、強勢は 'care-' の音節です。'care-' でレベル3に上げて、直後の音節 '-ful' でレベル1に落とします。

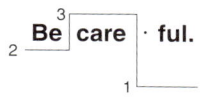

```
         3
    Be │ care │・ ful.
  2 ────        
              1
```

'Wh-' の疑問文も2-3-1のピッチパターンです。"Where did you find it?" でやってみましょう。最後の内容語は 'find' です。1音節なので強勢も 'find' にありますから、'find' からレベル3に上げ、'it' でレベル1に落とします。

```
                      3
    Where did you │ find │ it?
  2 ─────────────        
                        1
```

文末はズドンと落とさないと終わったことになりません

発音のポイントは、レベル3に上がるまでは、基本的にレベル2を維持したまま一本調子に発音し、レベル3で思いきって音程を上げ、レベル1に下げるときも、思いきり低くしてください。レベル1は、自分の声の範囲内でもっとも低い声を出してください。レベル1へ十分下がったと相手に通じたとき、初めてあなたの発話が終わったという合図になります。しかし、日本人学習者は、2-3-1のピッチパターンでも2-3-2と元のピッチに戻るクセがあります。しかし、それでは相手はあなたの話が一段落ついたとは思えず、まだ続くものと思い、気まずい沈黙が漂っちゃいます。

② 2-3のピッチパターン

2-3のピッチパターンで話すのは、基本的に 'yes/no' で答える疑問文です。レベル2からレベル3に上がるのは、文中の最後の内容語の強勢のある音節です。たとえば "Have you finished it?" はどうなるでしょうか。

```
            3
 Have you | fin · ished it?
2━━━━━━━
```

最後の内容語は 'fín·ished' で、強勢は 'fin-' の音節ですから、そこからレベル3に上げて、最後までレベル3を維持します。

ズルズル上げ下げしないでね

発音のポイントは、レベル2からレベル3に上がるとき、ズルズルっと上がらないで思いきり小気味よく上げることと、いったんレベル3に上げたら、ズルズル音程を落とさないで、そのままの高さを維持することです。

日本人学習者は、音程の幅が狭いのが難点です。思いきって上げたり下げたりすることが恥かしいのでしょうか。じつはその「音程の幅が狭い」というのは、ネイティブ・スピーカーには「話題に興味がない」とか「退屈している」というシグナルとして受け取られてしまうのです。

リズムとピッチは、私たちが思う以上の情報を相手に送っているということを知

第5章 イントネーションをマスターしよう

ると、おろそかにはできないと思いますね。

さあ、総仕上げです！

さて、前章で練習したリズムと、この章で練習したイントネーションを合体させましょう。つまり、「強弱」と「高低」の両方をつけてみます。

やってみよう

TRACK 66　強弱リズム＋高低

次の文を発音しましょう。

**I met a man who was intelligent and kind and full of compassion.
Just the experience of knowing him has changed my life!**
（映画 *It Could Happen to You* より）

（1）まず、リズムをつけましょう。内容語を四角で囲みましょう。

I [met] a [man] who was [intelligent] and [kind] and [full] of [compassion].
Just the [experience] of [knowing] him has [changed] my [life]!

（2）その内容語の強勢のある音節だけ太字にしましょう。

I [met] a [man] who was in[te]lligent and [kind] and [full] of com[pa]ssion.
Just the ex[pe]rience of [know]ing him has [chan]ged my [life]!

（3）（2）で太字にした音節を強拍に、残りすべてを弱拍に入れましょう。

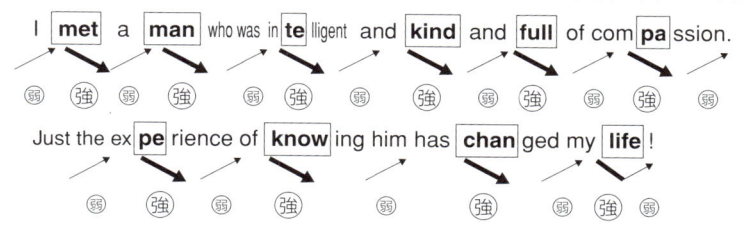

I [met] a [man] who was in[te]lligent and [kind] and [full] of com[pa]ssion.
弱 強 弱 強 弱 強 弱 強 弱 強 弱

Just the ex[pe]rience of [know]ing him has [chan]ged my [life]!
弱 強 弱 強 弱 強 弱 強 弱

119

(4) さらに高低のイントネーションをつけましょう。

I met a man who was intelligent and kind and full of compassion.

Just the experience of knowing him has changed my life!

強弱と高低を同時につけるのは、なかなかむずかしいことです。学生を観察していると、強弱はわりとつけやすいようですが、高低の方は練習がかなり必要なようです。

第6章

ジャパニーズ・イングリッシュを抜け出して「英語舌」をつくる方法

ここからは、私が大学生の発音指導をしてきて感じている、通じる発音をするためのコツをこっそり教えましょう。

語頭の子音の風速を最大に！

これは第1章6ページの写真がすべてを物語っています。日本人学習者の子音が弱すぎることは、しつこいくらい述べました。もっと腹筋を使って横隔膜を酷使して、吐き出す息の量を多くし、風速を上げましょう。

余計な母音だけはつけないで！

これも母音の章で述べましたが、ジャパニーズ・イングリッシュの最大の原因は、余計な母音を追加することです。これだけは絶対注意しましょう。

口まわりの筋肉を、タテ・ヨコ・マエに酷使しよう！

英語の音は、日本語の音に比べて口の動きが多彩で大袈裟です。たとえば、母音の/ɑ/のようにタテに口を開ける語があったり、/æ/のように横へ引っぱったりする語もあります。また、唇をうんと前に突き出す/w/ /ʃ/ /r/などもあります。日本人学習者は、特に前に唇を突き出すことに慣れていませんから、日頃から意識して口のまわりの筋肉を使いましょう。

舌の力は抜こう！

口まわりの筋肉はよく動かすのですが、だからといって口や舌を固くしてはきれいな発音になりません。英語を発音することで緊張すると、舌の先が固くなって少し持ち上がる癖の人をたまに見かけます。そうなると、いつでも/r/がかった発音になってしまいます。これも避ける方がよいので、自分の発音がそうなっていないか注意しましょう。

カタカナ表記の外来語にだまされるな！

カタカナ英語は、音節の数が増えてしまっているので、本当の英語の発音に立ち

返り、音節の数を守って発音しましょう。

発声を変えよう！

自信のなさも手伝うのかもしれませんが、日本人学習者の英語を話すときの声の小さいこと！　休み時間に雄叫びを上げていた学生が、なぜ、英語になるとこんなに弱々しい音になるのか、と思います。それではいけません。お腹の底からドスをきかせて発音しましょう。

1オクターブ下げよう

日本人学習者の特徴は、声がうわずってしまうことです。1オクターブくらい音程を下げるつもりで発声しましょう。アメリカ人男性は、かわいらしい声より、ハスキーな低い声の方がセクシーだと感じるようだ、と聞いたことがあります。真偽のほどはわかりませんが、アメリカのニュースと日本のニュースを比べると、女性キャスターの声の高さが、アメリカ人の方が低いと思いませんか。みなさんも、低い声で発音してみてください。その方が英語は"映える"と私は思います。

音程の幅を広げよう！

英語のピッチには基本的に4つあるということを本書の中で述べました。

レベル		ネイティブ		日本人
4	————— very high			
3	————— high	［ミ］	→	［レ］
2	————— normal	［ド］	→	［ド］
1	————— low	［ラ］	→	［シ］

このノーマルの高さを音程の「ド」と仮定したときに、1つ上のピッチを、ネイティブ・スピーカーは「ミ」くらいの高さまで上げるとします。私の感じるところでは、日本人学習者は「レ」くらいまで上げるのがせいぜいのように思います。

これはあくまでもたとえで、本当に音程を測ったわけではありませんが、下に下がるときも、ネイティブが「ラ」まで下げるとしたら、日本人学習者は「シ」程度ではないでしょうか。これでは、レベル1まで下がって、初めて発話が終わっ

たと思われる英語において、終わったということにはならないと思います。思いっきりピッチを上げたり下げたりする努力が、私たちには必要です。

大袈裟に強弱をつけよう！

どの単語も同じ強さでマシンガンのように話す日本語のように英語を発音すると、英語独特のリズム感がまったくでません。強弱リズムの大切さを知って、大袈裟に強弱をつけましょう。そして、弱拍に入る「機能語」のかたまりを、いかに小さく速く発音できるかも工夫しましょう。

エモーショナルになろう！

最後にもっとも言いたいことは、感情を込めて話そうということです。感情が込められれば、自然に強弱も高低もつくのです。

・・・・・・・・・・・・・・・・・・・・・ 著者紹介 ・・・・・・・・・・・・・・・・・・・・・

野中 泉（のなか・いずみ）

東京女子大学卒、早稲田大学英文専攻科修了、コロンビア大学大学院修了。現在、東邦大学医学部准教授。著書に、『やさしい英語のリスニング――CDとイラストで楽しく学ぶ』（語研）、『TOEICテスト初挑戦――いきなり高スコアを目指す！』（アルク）、『脱カタカナ英語の処方箋（CDブック）』（NHK出版）など。

英語舌のつくり方――じつはネイティブはこう発音していた！

2005年8月23日　初版発行
2017年4月14日　23刷発行

著者
野中 泉

©Izumi Nonaka, 2005

発行者
関戸 雅男

KENKYUSHA
〈検印省略〉

発行所
株式会社　研　究　社

〒102-8152　東京都千代田区富士見2-11-3
電話　営業(03)3288-7777(代)　　編集(03)3288-7711(代)
振替　00150-9-26710
http://www.kenkyusha.co.jp/

印刷所
研究社印刷株式会社

装丁・デザイン・DTP
株式会社イオック（目崎智子）

本文イラスト
株式会社イオック　大羽りゑ

CD吹き込み
ベッツィ・テラダ

ISBN 978-4-327-44084-8　C1082　Printed in Japan